学ぶ力のトレーニング
未来のあなたがつくる今の自分

石村康生・角田博明著

東海大学出版部

目次

プロローグ　20年後のあなたが行う新人採用 ―――――― 5

第1章　学生生活で、何を学ぶ？ ―――――― 11
- 1.1　学生生活における学びとは？ ―――――― 11
  - 学ぶべきは「知識」か「知恵」か？ ―――――― 14
  - 【コラム】「知る」と「理解」と「応用」と ―――――― 18
- 1.2　正解のない問題にどう挑む？（問題解決能力） ―――――― 20
  - 才能の差か要領か？（センス） ―――――― 20
  - 【コラム】先入観と予想の違い ―――――― 22
  - スタートとゴールの把握 ―――――― 23
  - 【コラム】衛星システムの開発現場における比較と評価 ―――――― 26
  - 努力は必ず報われる？（計画力、実行力） ―――――― 27
  - 挫折？　転進？　それとも……（計画変更能力） ―――――― 30
  - 【コラム】システムズエンジニアリングにおける計画変更 ―――――― 33
  - 問題解決能力についてのまとめ ―――――― 34
  - 【コラム】昔の人は偉かった？ ―――――― 36
- 1.3　コミュニケーションて難しい？ ―――――― 38
  - 相手の立場になってみる（相互理解力） ―――――― 38
  - 試験の解答におけるコミュニケーション能力とは？（表現能力） ―――――― 40

第2章　学生生活で、どう学ぶ？ ―――――― 43
- 2.1　学ぶ力を、どう学ぶ？ ―――――― 44
  - 専門的なスキルと応用力の獲得法 ―――――― 44
  - 科学的に学ぶということ ―――――― 49
  - 自由に学ぶということ ―――――― 54
  - 【コラム】考える方法 ―――――― 57
- 2.2　学生生活最大の難問？ ―――――― 59
  - 卒業研究にどう取り組む？ ―――――― 59
  - スケジュールの作成と管理のコツ ―――――― 62
  - 【コラム】無駄をなくすのは良いことか？ ―――――― 65
- 2.3　伝えるということ ―――――― 67
  - レポートは何のために書くのか？ ―――――― 67
  - 【コラム】科学における表現とは？ ―――――― 71

2.4　大学時代につくる将来設計 ——————————— 73
　　　【コラム】どうやって職業を選ぶ？ ——————————— 76
第3章　社会での活躍にむけて ——————————— 79
3.1　社会における学びとは？ ——————————— 79
　　　新入社員は、夢と希望と……不安もいっぱい ——————————— 80
　　　学びは誰のため？　そして仕事は誰のため？ ——————————— 81
　　　やりがいと学び ——————————— 86
3.2　仕事における問題解決 ——————————— 90
　　　仕事の効率と生産性 ——————————— 90
　　　仕事のメリハリに対する考え方（計画力と実行力）——————————— 93
　　　修羅場で問われる総合力 ——————————— 96
3.3　仕事でのコミュニケーション ——————————— 98
　　　報告、連絡、相談 ——————————— 98
　　　つながりの中での仕事と仕事の質 ——————————— 100
　　　【コラム】最先端の宇宙関連の現場から（A/Iリスト）——————————— 103
3.4　あなたが創る未来の社会 ——————————— 105
　　　【コラム】人も会社も選ばれる ——————————— 109
エピローグ　あなたが望む自分になるために…… ——————————— 111

プロローグ
20年後のあなたが行う新人採用

想像してみてください。

　ある初夏の昼下がり。就職面接の会場には4人の学生が並んで腰掛けています。厳しい書類審査を通過しただけのことはあり、みんな優秀そうな顔つきです。

　むかって左端に座っているのは、落ち着いた雰囲気の女子学生で、大学での成績は最も優秀です。次に座っているのは、見るからに活力にあふれている男子学生で、合気道部の主将をやっているそうです。その隣は、ちょっと気が弱そうな色白の男子学生。エントリーシートをみるとソフトウェア設計のスキルは高いものがあるようで、資格もいくつか持っています。最後の女子学生は、帰国子女で、英語が堪能なことに加えて、ディベート能力も高いようです。みんなそれぞれ優れたところがあり、一見甲乙つけがたいものがあります。

　気持ちよく全員採用と言いたいところですが、枠は限られており、実際は、この中から一人を選ばなければなりません。

あなたが面接官なら、何を尋ね、どう選びますか？

　さて、いきなりですが、今から20年後の社会での自分の姿を想像してみてください。何をしていますか？　おそらく何かしらの職について働いているのではないでしょうか？　もう若手とは呼ばれなくなり、責任ある立場で何人かの仲間と一緒に仕事をしているかも知れません。そのような未来のあなたが、人事担当として、新入社員の採用を任されたとしたら、どのような面接をし、どのような人物を高く評価しますか？　この本は、そのような未来の採用業務

を軸に、みなさんの今までの学生生活を振り返りながら、
「将来なりたい自分になるために、これからの学生生活、社会生活を考え、トレーニングしていこう」というものです。

まず、はじめに書いた場面に戻りましょう。個性豊かな４人の候補者を目の前にして、面接官であるあなたは、一人を選ぶ必要があります。この決断によって、彼らの今後の人生を大きく変えてしまうことにもなりますし、会社にとっても未来を担う人材を選ぶわけですから、重大な局面です。一方で、面接の時間は限られています。短い時間で適切な質問をし、会社にとっても、採用される人にとっても幸せな選択をする必要があります。さて、面接官であるあなたは、何を尋ねて、どう選ぶでしょうか？

「面接なんて、受けたことがないからわからない」といった人も多いでしょう。わからなくたっていいのです。好きなように想像してみましょう。いつもは試験などで評価される側であることが多い学生のみなさんが、評価する側になると考えると、ちょっと偉くなった気がしませんか？　まずは、そのような軽い気持ちでいいので、どのような質問をするのか書き出してみましょう。

やってみよう１
面接時の質問をできる限り多く想像し、書き出してみよう。

さて、どのような質問を考え出しましたか？　面接で良くありそうな質問をいくつか挙げてみると、
- うちを希望したのはどうしてですか？
- 学生時代に一番熱心に取り組んだことは何ですか？
- あなたの長所、短所は何ですか？
- あなたはうちの会社でどのような仕事をやりたいですか？
- ５年後、１０年後に、どのような自分でありたいですか？
- 困難を克服した経験としてどのようなものがありますか？

といったところでしょうか。就職活動の指南書には、こういった質問と合わせて、どう答えるかについても書かれています。多くの学生さんが、そういった指南書にしたがい準備をし、面接に臨むわけですが、ここでは、すこし違った見方をしたいと思います。視点を変えて、「学生の回答に対して、面接官は何

を考えるか」と想像してみてください。別の言い方をすると、「面接官はその質問で、学生の何を評価しようとしているのか」を考えてみましょう。

たとえば、「学生時代に一番熱心に取り組んだことは何ですか？」に対して、

【A1】部活動を一番熱心に取り組みました。残念ながら全国大会では、3位という成績にとどまってしまいましたが、副部長として、みんなの気持ちをまとめて、大会に臨めたことは良かったと思っております。特に、モチベーションを高く保ち、効果的かつ濃密なトレーニングを計画するといった点に注力し、ある種のマネージメント技術も得ることができたと自負しております。このようなスキルを、御社においても活かしつつ、高い目標にチャレンジしていきたいと考えております。

【A2】研究もほどほどですし、部活もやっていなかったため、特筆すべきものはありません。しかし、日々の些細な暮らしの中で、少しでも何かに気づき、改善しようと努めて参りました。たとえばバイト先では、仕事がうまくまわるようにいくつかの提案を行った結果、採用されてみんなに喜んでもらえました。また、近所に住んでいるおばあちゃんとは、一度、駅からの帰り道に重たい荷物を持ってあげて以来、仲良くなって、今では果物などをよく頂いたりしています。

といった回答がされたとします。あなたが、面接官ならそれぞれの候補者をどう評価するでしょうか？ A1のような回答はある種の模範的なものでしょう。何を、どのように取り組み、それによって得られたものが示されており、会社における意気込みまで述べられています。

一方で、A2のような回答はどうでしょうか。第一声が「特筆すべきものがない」なんて、指南書では、まずお勧めされない回答ですね。でも、向上心や協調性のある人柄や、努力を継続できる力があることは伝わってきます。

実際に、「これらの回答だけでどちらが良いかという評価ができるか？」と問われると、なかなか難しいものです。なぜならば、部活であったり日々の些細なできごとであったり、対象は違いますがある種の考え方にしたがって、真摯に行動し、学んできたということは共通しているからです。

では、振り返ってこの質問で評価しようとしていることを考えてみましょう。

質問は、「一番熱心に取り組んだことは何？」と、what を聞いているのですが、実際は、what が重要ではなく、どのように（how）物事に取り組んだかということや、人柄を評価しようとしていることに気づきましたか？ その観点では、A1 も A2 も適切な回答になっているわけです。このように、面接官の立場になって、「その質問で、何を評価しようとしているのか」を考えると、「回答として何が期待されているのか」が少しずつですが見えてきます。もっと言うと、「どのような人を採用したいのか」ということです。

> **やってみよう 2**
> 「やってみよう 1」で考えた各質問に対して、その質問で何を評価しようとしているか、書き出してみよう。

　さて、質問に対する評価項目は、書き出せたでしょうか？ たとえば、「志望動機によって、仕事に対する熱意を評価する」とか、「5 年後、10 年後の展望の回答によって、計画性や向上心を評価する」といった具合です。このような視点で考えていく過程で、質問が足りないと感じた人は、質問や評価項目を増やしてもかまいません。

　以下は、前述の質問に対する評価項目の例です。
- あなたの長所、短所は何ですか？
  →人柄、論理的な思考に基づく分析能力、表現能力
- あなたはうちの会社でどのような仕事をやりたいですか？
  →本人の希望、本人の適性や計画能力、会社の要請への理解
- 困難を克服した経験としてどのようなものがありますか？
  →問題解決能力、行動力

これ以外にもいろいろな評価項目があると思いますが、ひとまず個々の会社の事情に依存するような項目は横に置いて、どのような会社でも共通しそうな項目に注意して考えていきましょう。

　最後に、これらの評価指標に対して、「どのような人と一緒に働きたいか」や、「自分が面接官ならどのような人を高く評価するか」を思い描いてみましょう。難しいかもしれませんが、極力鮮明に思い描くよう心がけてください。

> **やってみよう3**
>
> 「やってみよう2」で考えた各評価項目に対して、高く評価でき、また自分が一緒に働きたいと感じる人物像を思い描いてみよう。

　さて、ここまで、長い行程を経ましたが、この最後に思い描いた人物像について、もう少し考えてみましょう。この人物像は、多くの場合、裏を返せばあなたの理想の人物像であることに、気づきましたか？

　　高く評価し、自分が一緒に働きたいと感じる人物像 ＝ 理想の人物像

と、捉えることができる訳です。
　振り返って、今の自分の状況はどうでしょうか？　20年後の自分が一緒に働きたい自分になれているでしょうか？　そもそも、理想の人物像を鮮明に思い描くことができたでしょうか？
　実は、これまで述べてきたことは、非常に難しいことで、うまくいかなかった人が少なくないと思います。もし、現段階で、うまく書き出したり、思い描くことができなくても心配する必要はありません。まだ働いた経験のないみなさんは、実際の会社でどのようなことが重要になるのかは、なかなか実感できないと思います。この本を読み進めるにつれて、「実際の会社ではどのような能力が重要になるのか（第3章）」であったり、「社会で必要な能力を学生生活でどのように身につけるか（第2章）」であったり、「今の自分についての現状把握（第1章）」を、徐々に実感してもらえれば良いわけです。
　このプロローグでは、将来の社会において、共に働きたい人物像（＝自分の理想像）について考えてきましたが、第1章では時間を戻して、今の自分を見つめ直していきます。学生生活も社会の縮図であり、基本的には社会で求められることが、学生生活でも求められます。まずは、身近な学生生活におけるさまざまな事象を例にしながら、どのような能力が必要かについて、みなさんと一緒に考えていきたいと思います。続く第2章では、必要な能力をいかに学生生活において向上させるかという視点でみていきます。最後に第3章では、会社や社会においてこの能力がどう活かされていくかについてみていきます。各章は、共通した話題を取り扱っていますが、独立しているので、どの章

から読み進めて頂いてもかまいません。興味がわいた章から読んでみてください。

第1章
学生生活で、何を学ぶ？

1.1 学生生活における学びとは？

　さて、時間を現在に戻してみなさんの学生生活を振り返ってみましょう。

　義務教育が終わり、高校、大学と進んで行くにつれて、一番の変化は何だったでしょうか？　授業の難しさでしょうか。それとも、学校の規模の大きさでしょうか。いろいろな違いがあると思いますが、一つの大きな違いは「自由度の多さ」ではないでしょうか。歳を重ねる毎に、学校選びに始まり、授業の選択など、大幅に自由度が増えます。この時期に、初めて本格的に自分の人生を考えて、各種選択をする人が多いと思います。いろいろな「初めて」に出会い、そこでの選択に戸惑ってしまうのではないでしょうか？　たとえば、学科の選択はどうしたらよいのかに始まり、サークル、バイト、就職先の選択など。どれが正解かと悩んだりしていませんか。そのようなときに、みなさんは、それらの選択をどうやって行いますか。まずは、そのような学生生活での、選択の一コマを想像してみましょう。

> 【ある春のできごと】
>
> **明日香**
> 　もう大学生活も 3 年が過ぎたわ。今年は、最終年度。就職活動もあるし、サークル活動や授業も含めてどうバランスをとろうかしら。後半は卒業研究も本格化するだろうし、サークルに熱を入れすぎて留年になんてなったら目も当てられない。でもどうするのが良いかしら、悩むなぁ。ねえ、健二や五郎はどうするつもり？
>
> **健二**
> 　バランス？　僕は、今年がインカレに出場できる最終年度だし、まずはそこで成果を出すことしか考えられないや。授業や就活は二の次だね。留年しちゃったときはそのときさ。悩む時間があったら、まずは練習。長い人生、少しばかり遠回りするぐらいなんでもないよ。とにかく今が大事さ。
>
> **五郎**
> 　僕は、まずみんながどう動くかを見てからかな。就活も卒業研究もどれぐらい忙しくなるか、実際にやってみないとわからないし、今は決められないよ。出遅れたくはないけれど、先走るのもいやだからね。

　みなさんも、春先に、新しいことを始めようとしたり、授業やサークル・部活のどこに力を入れようかといったことで悩んだりしたことはありませんか？ そのようなときは、どのように考えてきたでしょうか？　3 人のなかだと、誰の考え方に一番近いですか。明日香さんのように、まずは友人や親の意見を聞いて考えようとする人や、健二君のようにすでに自分の考えが決まっていて、その指標にしたがって選択をする人、五郎君のように、とりあえず選択をしないという選択をする人、いろいろなタイプの人がいると思います。

　実際に「選択したもの」については、人それぞれの人生ですので、一概に評価することはできません。一方で、「何を」選択するかではなく、「どう」選択

するかは、人によらずに共通して重要なことです。つまり、「選択をどのような思考・判断に基づいて行うか」です。言うまでもないことですが、人生の中ではいろいろな選択をすることになります。大学、会社、結婚といった大きな選択から、毎日の食事のメニューに至るまで、われわれは日々選択をして生きています。そして、その選択の結果が自分の人生となるわけです。一度の選択で人生を大きく変えてしまうことも、もちろんあるにはあるのですが、実は「小さな選択の積み重ねが、最終的な結果に対して大きな影響を持つ」ことも多いものです。たとえば、毎日のお酒の量やおやつの選択は、20年後の体調に確実に影響をおよぼします。

　そういった小さな選択の積み重ねにおいて重要なのは、選択の結果を評価し、次の選択に反映させることです。選択のときに、転がしたさいころの目にしたがうような決め方をしていたのでは、最終的にどこにたどり着くのかはわかりません。一方で、だれしも一度や二度は必ず間違った選択をしてしまうものです。ですので、間違った選択をしないことにばかり目を向けず、長い人生ではむしろ選択のプロセスを改良していくことに注力していく方がよいのです。そうすることで、徐々にですが、進むべき道を切り開く力が身についていきます。学生生活において、このような「判断、選択、評価、そして再判断といった一連の思考作業のスキルをいかに学び、身につけていくか」で、これからの人生は大きく変わっていくのです。この章では、まずはそういった「学ぶ」ということについて、見ていきたいと思います。

例題 1-1

　大学の学部の選択をするとき／したときを想像してみてください。自分の考え方に一番近いのは誰かを選んでみてください。次に、今までこの本を読んで、どういう決め方をするのが良いと思いますか？　理由と合わせて考えてみましょう。

　A君：好きじゃないと続かない。後悔しない選択をするためには、好きな分野を考慮して、学部を選ぼう。

　Bさん：この選択で将来の職業の方向性が決まる。将来つきたい職業を考慮して、学部を選ぼう。

　C君：得意なものを磨いて行きたい。成績が良い分野を考慮して、学部を選ぼう。

　Dさん：好きな分野もないけど、友達は、○○の方が楽だって言っていたから、

○○の方が良いのかな。半年ぼんやり考えて、決まらなかったらそっ
　　　ちを選ぼう。
　　E君：得意な分野はプログラミングだけど、将来つきたい職業はまだよくわ
　　　からない。決められないよ。どうしよう。

学ぶべきは「知識」か「知恵」か？
　学生の関心事と言えば、友だちづきあい、サークル／部活、バイト、勉強、研究などいろいろあると思いますが、ここでは広く勉強（学ぶ）ということについてみていきたいと思います。

　　「勉強は何のためにやるのか？　そして、何をどう学ぶのがよいか？」

ということです。
　さて、ここでのキーワードとして、「知識」と「知恵」という二つの言葉を挙げました。知識と知恵、必ずしも対になるものではないのですが、ここでは敢えて対比してあります。辞書では、「知識とは、ある物事について知っていることがら」、「知恵とは、事の道理や筋道をわきまえ、正しく判断する心のはたらき。事に当たって適切に判断し、処置する能力」とあります。さて、学生時代に、学ぶべきは知識でしょうか？　知恵でしょうか？　それとも実は全然違うものでしょうか？　一緒に考えていきましょう。

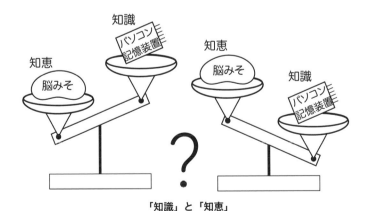

「知識」と「知恵」

> **【学期末試験でのできごと】**
>
> **明日香**
> 　あー。試験が近づいてきた。私のとった授業は、健二と違って、教科書・ノート持ち込みができないから、覚えることが多すぎる。情報ならネットですぐに検索できるし、どうせ覚えたって、会社入ってもほとんど使うことがないんじゃないかな。私も健二と同じ授業をとればよかった。
>
> **健二**
> 　そんなこと言うけど、僕のとっている授業の試験は、教科書・ノートがあったって難しいからね。去年なんて、「授業で扱った気体力学の知見を使い、空に投げ上げたボールの運動について述べよ。必要な仮定は適切に各自設定せよ」だもんな。いくらでもレベルの高い回答もできるし、なかなかハードな授業だよ。
>
> **五郎**
> 　へー。その試験問題、面白いね。答えを探すんじゃなくて、答えを創り出す問題って個人的には好きだな。レポート課題だったけど、昨年とった教育学の試験は、「小学校での早期語学教育におけるメリット・デメリットを各種データをもとに議論し、実施における留意点をまとめよ」っていうものだったんだ。知り合いの小学校の先生にも話を聞きながら取り組んで、結構な自信作に仕上がったよ。

　さて、明日香さんも言っていますが、現代社会における知識や知恵の重要さを考えるに当たり、無視できない背景として、昨今の情報処理技術や情報通信技術の進歩があります。これらの技術発達はめざましく、最近では知りたいことがあれば、ネットワークを介して短時間で調べることが可能になりました。みなさんも、辞書を引かずに、ウィキペディアで調べることがあると思います。

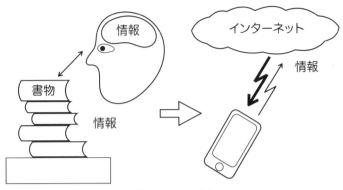

情報の扱いの変化

　これは、非常に大きな変化です。

　人が紙を発見した昔から千年間を超える長い間、知識をためておく場所は、書き記したもの（本など）か、頭の中の記憶でした。そのため、新しい知識を得ようとすると、新しい発見をするか、図書館など本のある場所へ行って調査をするか、人に尋ねるという作業が必要でした。これはとても時間がかかることです。ほんの20〜30年前までは、このような状態だったのです。

　それに比べて、今は何かを知りたいと思ったら、情報端末を使って検索するだけで、既存の知識の大半はあっという間に検索できてしまいます。各種知識を入手すること自体は従来と比べて格段に簡単になったのです。その結果として、自然に知識の扱いが変わってきました。知識そのものの価値が下がっているわけではありません。「AならばBである」といった知識は依然価値があります。ただし、もしその知識の使用頻度が低ければ、調べればすぐに入手できるので、人の頭の中にとどめておく必要が薄れてきたということです。では、必要なのは何なのでしょうか？　それが、知識を使いこなす知恵です。

　知識は道具の一つです。何かの問題を解決したいときには、道具（知識）をいろいろ持っていることも重要ですが、それより先に、どのような道具（知識）が必要かと考えることが重要です。もちろん、道具（知識）を用意したあとで、道具の使い方をちゃんと知っておく必要もあります。道具だけ持っていても、道具の使い方を知らなければ意味がありません。生まれたばかりの赤ちゃんにスマートフォンを与えても壊すのがオチなのと変わりません。つまり、道具（知識）だけではなく、必要な道具が何かを明らかにして、それを探し、入手し、最後にこれらを使いこなすための知恵が必要なのです。そういう訳で、

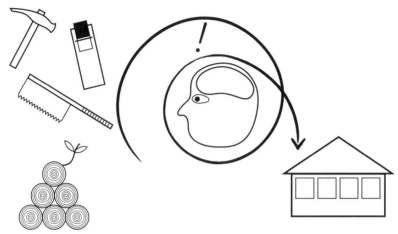

道具は使ってこそ活きる

　知識はもちろんですが、これらの知恵も学ぶ必要があるのです。
　この知識から知恵へのシフトは、2020年から変わる大学入試の制度にも表れています。この新しい入試制度の試験では、「大学入学希望者が大学教育を受けるために必要な能力を備えているか」を把握するために、「知識・技能」を単独で評価するのではなく、知識・技能を活用してアウトプットを創出できる「思考力・判断力・表現力」といった能力を中心に評価されます。このことからも、「知識をいかにうまく使いこなし、社会に対してどう貢献していくかという能力」が、社会で重要視されていることがわかります。知っている知識や検索してでてきた知識だけで対応できないときにも、知恵があるとどうにかなります。以下では、そのような知恵をどのように身につけていくか、知恵をどう活用していくかについて、事例を通してみていきます。

【コラム】「知る」と「理解」と「応用」と

「知る」という言葉は、「それについての知識を有する」という意味もありますが、「その内容・意味などを理解する」という意味もあります。一方で、みなさんが「知っている」という言葉を発するときには、「その言葉を聞いたことがある」という意味で使っていないでしょうか。その場合、言葉を忘れずに覚えているという意味での「知っている」と、「理解している」ことには大きな差があります。言葉を忘れずに覚えているだけでは、折角の知識を使いこなすことはできません。知識を使いこなすためには、言葉を忘れずに覚えているということを超えて、理解することが必要なのです。

理解するとは、どういったことでしょうか？ 実は、何かを理解することは非常に難しいことです。実際、私自身本当に理解しているものがあるかと問われれば、正確には「否」としか答えようがありません。理解を深めるという言葉があるように、真の理解に至る道は長く険しいものです。よく、「自分の言葉で説明できること」とも言われますが、それも十分ではありません。言葉に限らず、たとえば物理学や数学的なものであれば、式で説明できることや、図的に説明できることも必要です。つまり、理解していれば、表現方法によらず説明できるはずなのです。こういった理解を深めるためには、何が重要でしょうか。

一つは、いろいろな表現方法で、事柄を説明しようとしてみることです。言葉での定義を知った後に、他の表現方法で、その事柄の再構成を試みることで、ずいぶんと理解が深まります。また、具体例を、一般と特殊な条件下で考えてみるのも良いでしょう。さらには、類似の概念との関係を示すのも良いと思います。同列のものを挙げて、対比してみることからはじめてみて下さい。

たとえば、「三角形」を例に考えてみましょう。三角形なんて、小学生で習うものですよね。一方で、スラスラと言葉や式や図での説明ができますか？ まず、言葉による説明の例を挙げると、「三角形とは、空間上にある同一直線上にない異なる三点を三つの線分で結んだときに、その線分で囲まれてできる図形である」といった説明ができます。次に、式による表現を考えてみましょう。最後に、三角形の図を書いてみましょうか？ 三角形の図なんて簡単だと思っていませんか？ でも、一般と特殊の例を

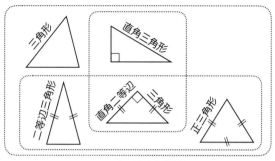

いろいろな三角形

分類しつつ書くと考えると、ちょっと悩む人がいるかもしれません。

類似の概念としては、四角形、五角形、N角形がありますね。たとえば、四角形の定義を考えてみましょう。三角形から数字だけを変えてみるとどうなるでしょうか。数字だけを変えると、「四角形とは、空間上にある同一直線上にない異なる四点を四本の線分で結んだときに、その線分で囲まれてできる図形である」となります。しかし、この定義は正しくありません。四点は必ずしも同一平面にあるわけではないからです。また、単に四点を結ぶだけでは、四角形ができない場合もあります。このように、単純とも思える四角形の定義一つとっても、意外と難しいものです。理系の人は、N角形まで統一的に拡張できるように定義するためには、どのような定義がよいか考えてみてください。三角形についての理解が、もう少し深まると思います。

前述のように、理解を深めるためには、いろいろな表現方法で、事柄を説明しようとしてみたり、類似の概念と対比してみることが有効です。こういった整理ができてくると、応用がききます。三角形から、四角形、五角形、N角形と拡張していくのと同じです。加えて、その事柄の理解を問う例題を作成してみるのも良い練習になります。何かを人に教えることは、その事柄に対する理解が深くないとできない作業です。例題を作ることで、仮想的にそういったプロセスをたどることができ、理解が深まる訳です。

文系の人は、前述の三角形のような例題を、自分たちの分野に置き換えて考えてみてください。たとえば、「主語を、言葉や図で説明してみましょう」というような問題などはどうでしょうか？

1.2 正解のない問題にどう挑む？（問題解決能力）

> **【優等生明日香の悩み】**
>
> かなり真面目に授業には取り組んでいるのに、不真面目な五郎と成績が変わらない。彼は、バイトに明け暮れて、ほとんど勉強時間はとれてないはず。私は、授業後もかなりがんばっているのに、なぜ？　やっぱり、才能？　賢さが違う？　少しうらやましいな。

才能の差か要領か？（センス）

このようなことを、みなさん感じたことはありませんか？　「試験の成績」を「走る速さ」に変えても良いですし、サラリーマンなら「営業成績」に変えても良いかもしれません。同じぐらいの努力をしているようで、結果が違うという経験は、誰しもひとつぐらい持っていると思います。しかし、これは才能の差だとは限りません。単にやり方の差であることも多いのです。

> **【五郎の秘訣】**
>
> 僕は授業を受けるときに必ず予測をする。高校時代に姉さんに教わったこの方法を使って、自分の予測と授業中の先生の話を比較することで、授業で学ぶべきことがはっきりする。先生の板書も、予測しながら書き取って、先生との違いを書き直すと復習も同時にできる。少しぐらい授業中に寝てもこの方法だと大丈夫。どうしても、わからなかったところは先生にその場で質問をすれば、あとで一人で考えるよりよっぽど早いし、効果的だ。

ここで重要なのは、予測と授業内容との「比較」です。よく予習が重要だと言いますが、これは、予習によってこの「比較」ができるからです。人間は、多くの場合に比較することで、ものを明確に認識します。逆に、比較する対象をなしにして、ものごとを単独で理解するというのは非常に難しいことです。

あるものを理解するためには、別のものとの対比が重要なのです。

たとえば、植物といったものを理解することを考えたときには、植物と動物との比較をすると、よりはっきりと植物を認識できると思います。少し話を飛躍させると、このようなことは比較対象（テンプレート）を有さない新生児が、目の前にいろいろなものをおかれても、モノをモノとして認識ができなかったりすることにも通じます。

さて、少し脱線しましたが、人間は、このように比較によって、より明確にものごとを認識・評価することができます。そのため、授業を受ける場合にも、比較できる対象（自分なりの授業内容の予測）を明確に持っていると、予測と先生の授業内容とを比較し、違いを明確に認識することができます。そして、その違いがどうして生じているのかということを、自分で考えたり先生に聞いたりすることで、より効果的に授業の内容を理解することができるようになるわけです。

重要なことは、違いを認識すること、つまり「感じる力（センス）」です。センスは、才能という言葉で使われることも多いですが、実は、「予測し、予測との違いを認識する」という一連作業をする能力のようにも思われます。復習は、この違いを埋めるためのある種のルーチンであり、センスがないと復習するべきものもわからない訳です。同じ時間勉強をしても差が出るのはこう言った理由もあるのです。それぞれで持って生まれたものの違いもあるかもしれませんが、あきらめる前に、まずは予測し比較するということから、がんばってみましょう。

【コラム】先入観と予想の違い

　さて、前ページでは授業で予測が必要だと言いましたが、科学の実験などで、先入観を持たないようにと言われた経験を持っている人も多いと思います。先入観と予測とはどう違うのでしょうか？

　先入観という言葉の定義にもよるのですが、先入観を持たないようにとは、「事前知識を普遍的なものと考えないようにしましょう」という注意だと受け取るのが良いと思います。たとえば、「油には何が溶けるか？」といった実験をしようとするときに、「塩は油に溶けないという予測を持って各種実験をする」のは、たとえその予測が間違っていてもよいのですが、「絶対に、塩は油に溶けない」と信じ込んで、実験してはいけないということです。学校の授業でやる実験は、授業で習うことの確認実験が多いでしょう。授業では確からしいことを習うことから、結果が「必ず」こうなるという先入観をもって実験をしてしまいがちです。しかし、本来は、確かかどうかわからない予測（仮説）を検証するのが実験です。ですので、実験に予測がないということはあり得ません。実験の手順書にしたがって、ただ作業を実施するのが実験ではありません。実験には、予測と検証が必要です。また、授業で習うことも「絶対的に正しい」ことではなく、「確からしい」ことに過ぎません。過去の長い歴史の中で、天動説と地動説のように、正しいとされていた説が新しい説に置き換わってきたことは多々あります。常に、この情報は正しくないかもしれないという意識を持つことは、学びのなかで非常に重要なことです。

> **【明日香のその後】**
>
> 　五郎が授業で寝ていてもちゃんと単位が取れている秘訣は、予測にあったらしい。先輩に講義資料をもらって、授業前に全部覚えて授業を受けたら、成果が少しは実感できた。小テストでの成績も上がってきた。でも、過去問と違う問題だと、全然ダメ。私、応用力がないのかしら？

スタートとゴールの把握

　さて、明日香さんは五郎君にアドバイスをもらって、成果が上がってきたようですが、まだ今ひとつというところみたいですね。このようなことは、実は良くあります。単に手順を知った上で、それをまねた結果、本質的な部分を理解していないために、要点を外してしまい、思ったような成果が得られないということです。

　ここでは、なぜ予測が重要なのかということを明日香さんは理解していなかったため、予測が重要だというノウハウ（知識）は持っていても、うまく活用できなかったのかもしれません。ノウハウ（知識）を活用するためには、ノウハウの背景にある「なぜ？」を理解することが重要なのです。

　現状、明日香さんは、予測ではなく、単なる暗記にとどまってしまったようです。「予測という自分なりの思考」と「講義内容」との比較を通じて、理解を進めるということが十分できていないようですね。自分なりの予測を、講義の枠にとらわれずに広げていけば、いろいろな応用事例に対するトレーニングにもなっていきます。

　さて、明日香さんだけを見てきましたが、別の視点で見直すと、五郎君はアドバイス（説明／表現）が下手なのかもしれません。手順だけを教えて形から入るというやり方もあるのですが、その手順の背景である理由を理解してもらうと、こういった失敗を回避できますし、応用も利きます。今までは、座学の授業を対象に話をしてきましたが、基本的な考え方は、他でも同じです。ある授業の成績をあげるということ以上に、こういった学び方に対する知恵を身につけることの方が重要なのです。以下では、応用についてみていきます。

> **【五郎の悩み】**
>
> 　僕は、勉強は得意なのだけれど、運動は少し苦手なんだよな。走るのは遅くないし、反射神経もわるくないはずなんだけど、テニスサークルでの腕前は下から数えた方が早いくらいだ。練習の仕方がわるいのかな。まずは、テニスがうまいやつと自分のプレーを動画で撮ってフォームを比べてみよう。違いをちゃんと認識するためには、撮影するアングルはそろえた方がいいよな。フォームの違いがわかれば、練習方法ももう少し見直せるかもしれない。

　明日香さんと比べて五郎君はどうでしょうか？　五郎君は、単に座学の勉強の仕方にとどまらず、運動においての練習方法の改善にもつなげています。比較の重要性をちゃんと理解していると、このように運動における学びにも応用ができます。ここでは、スポーツの例を挙げましたが、文化活動についても同じことが言えるかもしれません。ある目的を達成しようとしたときに重要なのは、まず初めに現状と目標の差を比較し、感じ取る／理解するということです。孫子も「彼を知り己を知れば百戦してあやうからず。彼を知らず己を知らざれば戦毎必ず敗る」と言っています。これは、座学の勉強や運動といった個々の対象に限らない共通して重要な知恵になります。

　<u>STEP 1</u>　スタート（現状）とゴール（目標）の差を感じ取る／理解する。
　　　　（センス）

　図のように、現状だけを知っている人、目標だけを知っている人は数多くいます。重要なのは、現状と目標の両方です。この両方がわかって、初めて走る方向が決まるのです。でも、まだこれだけでは不十分です。次に重要なのが、どこに注目して差を評価するかです。この注目点ですが、テニスのフォーム一つとっても、手首の使い方、足の配置、腰の回転など、複数の観点があります。もっと広い話をすれば、テニスが上達するにはフォームだけではなく、球のコースをどう選択するかなどの戦術も重要です。どこに焦点を当てるのかと

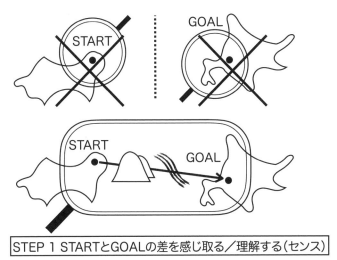

STEP 1 STARTとGOALの差を感じ取る／理解する（センス）
スタート（現状）とゴール（目標）の差が重要

いうことは、初心者にはなかなか難しいですが、これによって次の行動は大きく異なってきます。ですから、この注目点を決めるということは非常に重要なのです。本当に重要な注目点を見逃さないためには、ある視点からだけでなく、「論理的かつ多角的にものをみる」必要があります。

また、複数の注目点それぞれが同じ程度に重要な訳ではなく、非常に重要なものからあまり気にしなくても良いものまで、重要度が異なります。重要度が低い点について、改善のために練習するのは、時間がもったいないですから、重要度に応じた重み付けが大切です。さらに、それぞれの注目点が連動している場合もあります。たとえばフォームを改善しようとしたときに、肘だけに注意して直すのではなく、肘と手首を合わせて改善していく必要があるといった具合です。このように、「複数の注目点の重要度と関連性を明確」にしながら、評価していくことがポイントなのです。

前述のように、注目点を洗い出し、それらの重要度と関連性を明確にすることで、目標が明確になり、どちらに向かって走れば良いかがわかるのです。でもまだ、走り始めないでください。途中には障害物があるかもしれません。道順を決める必要があります。次の節では、この道順の作り方を紐解いていきます。

【コラム】衛星システムの開発現場における比較と評価

	性能	信頼性	コスト	納期	総合評価
Type A	◎	△	×	△	△
Type B	○	○	○	○	○
Type C	○	△	◎	○	△

トレードオフ表の例

　各種比較を行い、評価するという工程は、衛星システムの開発現場でも非常によく使われます。たとえば、衛星システムを設計するときに、その構造にもいろいろな様式があります。各部の大きさの詳細などの数字を決める前に、どういった構造様式にするのかということをまず決める必要があります。そのときに、各種構造様式を候補として並べて、その差をいくつかの注目点にしたがって評価します。この工程をトレードオフと呼ぶのですが、注目点を評価項目、それぞれの重要度を重みといいます。システムの目的に応じてこの評価項目と重要度を定め、候補の中から適切な様式を選んでいくわけです。

> 【続　五郎の悩み】
>
> テニスサークルの交流戦でなかなか勝てない。うまくなるために、プロの選手とのフォームの違いを調べて、練習もいっぱいやっている。何がわるいのだろうか。まだ練習が足りないのかな。明日からは、朝練も始めてみようか。

努力は必ず報われる？（計画力、実行力）

　五郎君、地道にがんばっていますね。目標にむかって、練習を重ねるという努力は非常に重要です。一方で、努力の仕方もまた重要なのです。的外れな努力では、いつまでたってもゴールにたどり着くことはできません。前項では、スタートとゴールを見いだすこと（STEP 1）が重要だと述べましたが、ゴールにたどり着くためには、さらに注意することが二つあります。どうやってゴールと現状の差を埋めていくか（努力の方法）、どれだけがんばれるか（努力の量）です。この二つがそろわなければ、なかなかゴールにはたどり着けないのです。以下では、この二つについて見ていきたいと思います。

　STEP 2　スタートとゴールをつなぐ道筋を見いだす。（計画力）
　STEP 3　道を走り抜くこと。（実行力）

　まず、努力の方法（道筋）の策定ですが、これは STEP 1 の後半で述べたこ

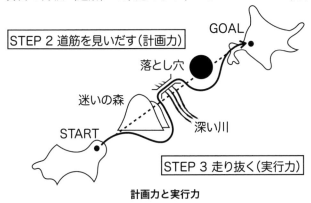

計画力と実行力

とが関係してきます。「論理的かつ多角的な評価によるポイントの洗い出し」と「各ポイントの重要度および関係性の導出」の二つです。論理的かつ多角的な評価によるポイントは、「"何に"注意して実行するべきか?」という目標を明確にするのに役に立ちますし、各ポイントの重要度および関係性から、「どういう順番で実行していくべきか?」ということが見えてきます。

あとは、「どう」やるかです。このどうやるかを考えるのは非常に難しいことです。通常、熟練の指導者や適切な入門書がある場合には、これらの先達の知見を利用する方が早いと思います。そこでは、信用できる良い先達の知見を得るということが重要になります。一方で、新しいことをやろうとしたときには、頼る人もいません。そういうときにはどうするのが良いでしょうか? 一つのやり方は、アナロジー(類推)を利用することです。世の中を見回すと、一見違うことに見えても、その根幹は類似していることがよくあります。そういった根幹の部分では類似していて、よくわかっているような他のことがらを見つけることができれば、アナロジー(類推)によって、新しいことがらについても良いやり方が見つかりやすくなります。

道筋を作るときには、極力短い道にする方が良いです。「苦労は買ってでもしなさい」ということもありますが、誰しも苦労は好きではないと思います。加えて、すべき苦労と無駄な苦労もあったりします。極力無駄はない方が良いですよね。そういう意味で、ある種のなまけものになることはわるいことではありません。なまけて何もしないというわけではなく、楽にゴールにたどり着ける道を探しましょうということです。ただ、正しくゴールが設定できていることが大前提ですから、そこには注意しましょう。手段と目的を混同しないこ

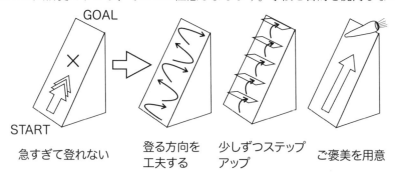

着実にすすめるゴールまでの道

とが大切です。

　さて、道筋の策定ができれば、あとは実行するだけです。とはいえ、この実行が大変です。失敗を恐れてなかなか取りかからなかったり、飽きっぽかったり、なかなか前に進まないものです。どうやったら、継続して努力できるでしょうか？　この段階で重要なことは、モチベーションを高く保つことと、精神力です。ノウハウはいろいろあります。典型的なものとしては、いきなり難しい課題にとりくまず、少しずつステップアップするなどです。また、ご褒美を用意して、あるところまで進んだら、おいしいモノを食べるとか好きな趣味に時間を使うなどといったやりかたもあります。逆に、これができなかったら一生好きなコミックを読まないといったような、背水の陣を敷くように自分を追い込む方法もあります。

　また、このときに精神力が弱い人は、ついつい流されてしまいがちです。あなたも、何かを継続してやるべきときに、ついつい携帯電話に手が伸びて、本業の手が止まってしまったり、そんなにがんばらなくても良いじゃないかといった友達の優しい（？）言葉につい惑わされてしまったりしていませんか？そういったときには、自分ががんばりやすい環境を作っていくということも重要です。携帯電話を親に預けてしまったり、いっそのこと解約してしまったりするのも一つの手でしょう。あとでできなかった言い訳を作らないようにするためにも、環境は望みうる最高のものに整えてしまいましょう。

例題 1–2

　ある数学の図形問題を解きました。

　Aさんは、解き方に不安があったのですが、最終的に導出すべき面積が解答と合っていました。解き方を確かなものにするために、時間をかけて解答をよく読み、自分の考え方と比較し、考え方にも間違いがないことを確認しました。

　Bさんは、解き方にかなり不安があったのですが、計算には自信があります。最終的に導出すべき面積が解答と合っていたので、解き方も合っていたはずと考えて、他の問題集に取りかかり、量をこなすことにしました。

　Cさんは、解き方に自信があり、実際解き方は間違っていなかったのですが、計算間違いがあり、最終的な面積の値は間違っていました。でも、本質は理解しているので、問題ないと考えました。

　さて、あなたの考え方に一番近い人を選んでください。もし、あなたが社会

人になって、急ぎで数学を使った仕事をするときに、部下として一緒に働きたい人を好ましい順に理由と一緒に挙げてください。

> 【健二の悩み】
>
> 　先輩や監督のアドバイスにしたがって、去年はインカレでベスト4まで残れた。今年は勝負の年。インカレだけじゃなくて、せめてアジア地区ではいい成績を残したい。半端じゃない練習量もこなしてきたが、最近は、成長が止まっている気がする。才能の限界だろうか。父さんたちにはこれで食っていくなんて大見得を切ったけど、このままじゃダメだ。実際、プロスポーツ選手として食べていくのは大変だし。そろそろ就職も考えた方がいいのかもしれない。だけど、一度決めたことを投げ出すのは悔しい。悩んでしまって、練習にも集中できない。どうしよう。

挫折？　転進？　それとも……（計画変更能力）

　みなさんも、一度決めたけれどうまく行かなくなって悩んでしまった経験があると思います。「あきらめるのはいやだ、でもこのままじゃうまくいかない」そういうときには、ただ悩むのではなく考えましょう。これまで、STEP 1でゴールを決め、STEP 2で道筋を決め、STEP 3では走りだすということをやってきた訳ですが、走り始めてしまってから、周囲の状況が変わることは良くあります。また、走り始めてみてから、新しい事実がわかったなんてこともあります。そういった中で重要なのは、適切に状況を把握し直し、ゴールを見直し、道筋を引き直すという修正作業です。当初の予定通り進むということの方が、世の中では珍しく、通常こういった修正作業は必須だと考えてください。

　たとえば、この場合のように練習効果が最近思ったよりでていないのであれば、可能性としては、才能の限界だけではなく、練習方法が適切でないといった原因も考えられます。ミドルクラスの選手にとって適切だった練習方法が、トッププレーヤーになっても適切であるわけではありません。また、10～20代は、成長期です。体格が変わればプレースタイルも変わってしかるべきでしょ

う。このように、状況の変化に応じて、STEP 2でつくった練習方法という「道筋」も修正することが必要なのです。もちろん、プロスポーツ選手として身を立てるという計画（道筋）を修正するというのも一つの道です。

　重要なのは、これらについて「悩む」のではなく、「論理的に考える」ということです。こういった修正作業も実は、STEP 1、2の応用になります。まず、現状とゴールを再度見直します。たとえば、体格が変わっているというのであれば、それはスタートが変わっているのです。逆に、プロスポーツ選手の道をあきらめるというのであれば、それはゴールが変わっています。ゴールを変えたくないのであれば、STEP 1と同じように現状を再度見直し、評価し、STEP 2と同じように道筋を引きなおせば良いのです。電車に乗っていても、途中で運休があれば、経路を考え直しますよね。それと同じことです。一方で、状況が変わってゴールを変えるべきときもあります。そのときは、また同じように、道筋を作り直すだけです。修正は、特別なことではありません。論理的に考えながら実行してください。

　<u>STEP 4</u>　必要に応じて、現在地を把握し直し、ゴールを見直し、道筋を作り直すこと。（計画変更能力）

　STEP 2の道筋がうまく決まらないときも、このSTEP 4の考え方は使えます。ひとまず仮に進むべき道を決めて、何かの方法を試すのです。そのときに

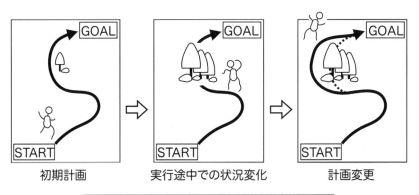

STEP 4 必要に応じた計画変更（計画変更能力）

計画変更

かかったリソース（時間、労力、お金など）を考えて、その結果得られた効果を評価します。これらの評価結果を考えながら道筋（手段）を決めなおすわけです。問題集の選び方、運動トレーニングのしかたなどの参考にしてみてください。

【コラム】システムズエンジニアリングにおける計画変更

　衛星開発のような大勢の人間が携わる複雑なシステムの開発においては、システムズエンジニアリングという手法が適用されることが良くあります。間違いを減らし、システムを効率的かつ効果的に進めていくための手法です。ここでも、いままでみてきたことと同じような手順にしたがって、開発をすすめて行きます。まず初めに、システム要求の定義を行います。これは、開発しようとしているシステムの目的や、システム開発に付随する拘束条件（利用できるリソースなど）を明確に定義する段階です。先ほど説明したSTEP 1に対応します。次が、基本・詳細設計です。STEP 1の目的を達成するために、下位のサブシステムが達成する目標とその検証方法を定義していく段階です。これは、STEP 2の道筋を策定することに対応します。その後、この道筋にしたがって、ものの製造および試験検証を行います。これがSTEP 3です。では、STEP 4はあるのでしょうか？　ちゃんとあります。衛星開発のように緻密に計画を立てて進めていても、予期せぬ事態が起きることはあります。そのときは、要求変更、設計変更などを手順にしたがいながら行っていくわけです。このように、衛星開発にも学校生活における学びと同じ考え方が使われていると思うと、面白くありませんか？

問題解決能力についてのまとめ

　これまでの学びについて、もう一度まとめてみると、学び方は以下の４つの段階からなることがわかります。これは、学校での勉強、部活に限らず、いろいろなことに応用できる能力です。ぜひ、若いうちに身につけてください。もちろん年をとってから身につけることもできますが、このような能力を若いうちに身につけた人と、年をとってから身につけた人とでは、生涯で学び取れる量が変わってきます。ですので、若いうちに身につけた方が得なのです。早い人は小学生ぐらいから同じような考え方をしています。必要性がわかった今がチャンスです。がんばりましょう。

　STEP 1　スタート（現状）とゴール（目標）の差を感じ取る／理解する。
　　　　　（センス）
　STEP 2　スタートとゴールをつなぐ道筋を見いだす。（計画力）
　STEP 3　道を走り抜くこと。（実行力）
　STEP 4　必要に応じて、現在地を把握し直し、ゴールを見直し、道筋を作り直すこと。（計画変更能力）

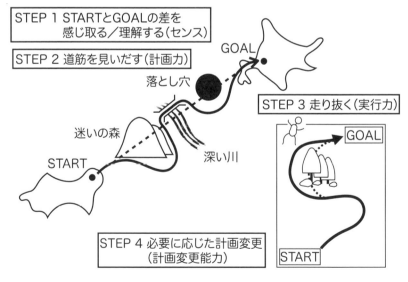

問題解決能力のまとめ

ただし、近い将来、もしかするとこういった能力もコンピュータにとって代わられる可能性もあります。カーナビゲーションシステムを例に考えてみましょう。開発当初のカーナビゲーションシステムは、単なる地図でした。車が今いる位置と目的地が地図上で表示されるだけのものだったのです。スタートとゴールと、道という情報が提示され、それらの情報を組み合わせて、道筋をたてるという思考は人にゆだねられていたのです。ところが、コンピュータの発達と同時に、カーナビゲーションシステムでは、自動的に道筋を提案してくれるようになりました。さらに最先端の技術では、道路の混雑状況や事故情報をもとに、経路の変更（計画変更）まで自動でやってくれる機能が実現しています。上記のSTEP１～４まで、すべてがコンピュータにより行われます。今はまだ経路検索にとどまっていますが、そのうち、人工知能が発達してくると、もっと一般的な問題にまでコンピュータが進出してくるかもしれません。そのようなときに、人はどうするべきか？　本書で学んだことを応用しながら、考えてみてください。

【コラム】昔のひとは偉かった？

　前項で、人工知能について触れましたが、人とコンピュータの大きな違いの一つに発想力があります。過去の偉人はそれまでの人々が思いもつかなかったことを創造し、歴史を大きく変えてきました。優れた発想力を磨くためには、どういうことをすれば良いと思いますか？　一つの方法として、「すでに答えがあるものでも、時々は一から考え直してみる」というのがあります。

　たとえば、大学生のみなさんの知識を使って、古くからある子どものおもちゃの改良を考えてみるのもいいでしょう。力学的な計算をもとに、良く飛ぶ凧を設計・製作してみるなんてことも面白いかもしれません。この自分で設計・製作してみるというのは、キットを買ってきて、その改良をする訳ではなく、原理を考えて、必要な部品を一つひとつ考えて、集めて作るということです。こういったことをやるときには、調べることを極力少なくし、自分で考える時間を多くとってください。たかが凧、されど凧。ドローンと比べて時代遅れのように感じるかもしれませんが、学べることは多いと思います。もう少し手軽にできることとしては、身近なモノを分解してみて、一つひとつの部品の意味を考えるといったこともあります。優れたモノの形や材料には意味があります。自転車一つとっても、分解して、その形状、材料の意味を考えてみると面白いことがわかります。たとえば、自転車ですが、前輪を固定している自転車のフレームが少し前に曲がっていることは知っていますか？　また、その理由はなぜでしょうか？　さらに、ペダルを固定しているねじの螺旋の向きが左右で逆であるとか知っていましたか？　知ってしまえば、なるほどと思いますし、理にかなっているのですが、自分でゼロから設計するとなると、こういったところは見落としがちです。

　文系の人も同様です。歴史が得意な人ならば、自分が歴史上の人物になったつもりになって、思考をたどってみるのも良いかもしれません。たとえば、推古天皇の時代に、十七条憲法が制定されたという話がありますが、この当時の時代背景を鑑みて、自分が施政者であったときにどのような憲法を制定するかということを考えてみるのです。思考トレーニングにもなりますし、あとで自分の考えと史実を比較してみることで、いろいろ

と気づくこともあると思います。
　発想力の重要性は注目を浴びており、いろいろなトレーニング本が出ています。ただ、気をつけて欲しいのは、いくら良い教材を使っても自分で考えるという作業をしなければ、発想力は鍛えられないということです。答えが重要なのではなく、答えを出すためのプロセス（過程）において、思考をするということが重要なのです。こういった作業はとても手間がかかりますが、その分、頭の体操つまりトレーニングになるわけです。ぜひ、時々はこういった作業を実施してみてください。

1.3 コミュニケーションって難しい？

相手の立場になってみる（相互理解力）

　さて、今までは学校での学びの重要性や、正解のない問題にどう取り組むか、などについて見てきました。1 章の最後では、これらに加え重要な、人間社会で必須になるコミュニケーションについて考えてみましょう。まずは、学校という場から少し離れたアルバイト先の一コマを見てみましょう。

> ### 【新人アルバイトの苦難】
>
> **加奈子のつぶやき**
>
> 　先週から、定食屋で皿洗いのアルバイトをはじめた。何をすれば良いかわからなかったので、先輩に「何をすれば良いですか？」と聞いたら、「皿洗いのバイトが皿を洗わずに何をするんだ」と怒られた。じゃあっと思って、皿を洗い始めたら、「洗剤つける前に下洗いをしろ」とか、「皿の置き方に気をつけろ」とか怒られて、しまいには、「なぜわからなければ聞いてからやらないのか？」と怒られた。全くもって理不尽な先輩だと思う。もうやめたい。
>
> **ある先輩店員のつぶやき**
>
> 　先週からきたバイトの子には困ったなあ。皿洗いのバイトに来ているのに、何をすればいいかなんて当たり前のことを聞くなんて。それに、皿の洗い方一つ知らない。洗剤つけて洗う前に残っているソースとか先に落としておくぐらい常識だ。それに、プラスチックの皿じゃないんだから、あんなに乱暴においたら皿も割れるよ。まあ、家で皿も洗ったことがないんじゃ、わからないかもしれないけど、わからないならちゃんと聞けばいいのに。

あなたが加奈子さんの立場ならどうしますか？　もしかしたら、先輩の方に共感していますか？
　「どちらかの言い分が正しい」ということはできませんが、このすれ違い、どうにか解決したいですよね。解決のキーワードは、「コミュニケーション能力」です。誰にも好かれる必要はないかもしれませんが、周りと仲良くできた方が、よりスムーズに仕事ができますよね。この周りとうまくやっていく能力こそが「コミュニケーション能力」です。でも、周りとうまくやっていくってどういうことでしょうか？　一つのポイントは「相手の立場になって考える」です。
　まず、加奈子さんの最初の質問ですが、漠然としすぎていると思いませんか？　さすがに、皿洗いのアルバイトなのですから、「皿洗いをしなさい」という答えを期待していたのではないと思いますが、もう少しポイントを絞ると相手も答えやすいと思いませんか？　たとえば、「使う洗剤はこれですか？」とか、「洗った皿はここに積んでいけば良いですか？」といったように、「自分はこう考えているけれど、どうですか？」といた質問形式にすると相手も答えやすいでしょう。予習と同じことで、自分が予測しているので相手の答えをもらったあとに、次の対処がしやすいと思います。ただし、本当にまるっきり皿洗いのやり方がわからないのであったとすると、この方法は使えません。そのときは正直に、「皿洗いの仕方が全くわからないので、一度やって見せてはいただけませんか？」と尋ねるのはどうでしょうか。わからないことを片っ端から一つ一つ聞いていったら、今度は別の怒られ方をしてしまいますし、「何をすれば良いか？」という質問よりはずっと答えやすいと思います。
　次に、先輩店員さんですが、こちらも同じように相手の立場になって考えることが足りていません。皿洗いに来ているのに、皿を洗うかどうかを聞くなんて普通ないですよね。「この皿を全部を洗うのだけど、何がわからない？」ぐらいの返事はするべきでしょう。ただ、漠然とした質問をしてくる人は、「何がわからないかがわからない」ので、そういった質問をしている場合が多いです。そういった場合は、まずやってみせるとか、粗い手順を教えてから、わらかないことを聞く方が効果的かもしれません。どちらにせよ、相手のことを考えながら話をするというのがコミュニケーションの基本になります。まずは、自分が相手だったらどうだろうということから始めるのが良いですが、相手が自分と同じ思考パターンを持っているとは限りません。自分を相手に置き換えて考えることになれてきたら、自分以外の人を相手に当てはめてみたりしても

良いと思います。このように、日々の会話の中でも、創造力を生かして、相手の立場になって考えて、コミュニケーションをしてみましょう。意識するだけでずいぶんと変わります。

例題 1-3
　　数学が得意でない 3 人の高校生が、数学教師に勉強の仕方のアドバイスを求めて、職員室を訪れました。あなたが同じ立場だとすると、どの学生に近い質問をするか考えてみてください。またどの質問の仕方の方が良いと思うか、理由と合わせて考えてみてください。最後に、あなたが先生の立場だとしたら、どの学生の質問の仕方が好ましいと思いますか？
A さん：先生、数学がわかりません。どうやったらいいか教えてください。
B さん：図形が苦手です。立体の空間把握が全般的に弱いので、良い参考書を紹介してください。
C さん：○○大学を志望しているのですが、過去問として良く出ている図形問題が苦手です。特に立体の空間把握がまだ曖昧なところがあると考えています。このあたりの理解を深めるところから始めるのが良いと思うのですが、それにふさわしい参考書も含めて、先生のご意見をいただけませんでしょうか。今はこのような参考書を使っています。

試験の解答におけるコミュニケーション能力とは？（表現能力）

　さて、先ほどはバイト先の一コマを見てきましたが、大学においても同様にコミュニケーションは重要です。仲間とのコミュニケーションもですが、いろいろなところにコミュニケーションは隠れています。ここでは、試験という一見コミュニケーションとは関係がなさそうなものを題材に考えてみましょう。
　さて、みなさんは大学においていろいろな論述試験を受けていると思います。最近はマークシートのような試験もあるでしょうが、論述試験もまだまだ多いと思います。こういった論述式の試験の解答を書くとき、あなたは採点する先生のことを考えたことはありますか？
　実は、あまり意識されていないかもしれませんが、論術試験解答は、報告書と捉えることができます。あたり前のことですが、「報告」のための書類ですから、報告する相手がいて、報告する内容があります。みなさんは、この「相手がいること」と、「何を報告するのか」を明確に意識して論述試験の解答を

書いているでしょうか。ありがちなのは、答えを書く行為そのものが目的になってしまうことです。読む相手に、報告内容を理解してもらうという目的を明確に意識することで、試験解答の書き方ががらりと変わります。

　まず、相手がいるわけですから、最低限相手が報告内容を理解できる解答になっていなければなりません。そういった意味では、字が汚すぎて読めないものは実は論外なのですが、そのようなことを考えたことありますか？　字が汚くても内容が正しければ良いと思っていませんか？　教員もできる限り読み取って、内容が正しければ正解とされていると思いますが、報告書であると考えると、褒められたものではないですよね。

　また、読み手に内容を理解してもらうと考えると、特殊な用語・文字は、定義して使う必要があることに気づきます。主張と事実を分けて書く必要があるのも、同じことですよね。報告を受ける相手は、自分ではありません。あなたが決めた暗黙のルールは、通用しないのです。相手に誤解なく、報告内容を伝えるために、用語を統一的かつ適切に定義して、正しい論理構成で書かれている必要があるわけです。相手に理解してもらうことが目的なわけですから、手段（フォーマット）は、自由です。式、図表、リストを適切に使いましょう。

　さて、相手を意識しなさいとは書きましたが、まったくの第三者が読んでわかる解答を書く必要があるかというと、それもまた違います。一般書のように不特定多数の人が読む本ではなく、ある特定の読み手に向けた報告書であれば、その読み手が理解できれば良いのです。つまり、想定される読み手がほぼ確実に持つであろうと考えられる知識は、説明なしに使っても良いでしょう。たとえば、物理の論述試験の解答に、ニュートンの第一法則の説明から始める必要はないわけです。

　次に、レポートについて、同様に考えてみましょう。例として、大学授業において出されるレポート課題を想定してください。理系・文系の授業によらず、
　A. ○○について、まとめなさい。
　B. ○○について、適切な例を挙げ、自由に論じなさい。
　C. ○○を解きなさい。
といった形式がよくあると思います。それぞれ、Aは調査・分析を、Bは論述を、Cは明確な解を要求しており、タイプが違うように思うかもしれません。○○に入る言葉も、A、B、Cで全く違うでしょう。しかし、実は先生が期待している報告内容はどれも同じです。報告すべき内容は、「レポートを書く人（じ

ぶん）が○○という事柄を理解している」ということです。先生が、○○についてまとめたり、論述させたり、問題を解かせたりしているのは、学生がその事柄を理解しているかどうかを確認するためです。ですから、レポートで示すべきは、○○そのものではないわけです。そのことを意識すると、レポートの書き方が大きく変わってくると思います。たとえば、Aの形式のレポートに対して、調べたことをそのまま書き写すのでは不十分です。○○についての知識を問うているわけではなく、理解を問うているからです。理解を示すためには、○○について整理し、自分なりに再構成した説明を示したり、類似の概念と比較したり、例題を示したりするのがよいでしょう。同じ理由から、Cのタイプのレポートでも、最後の答えだけを書くのではなく、その途中の論理展開を示すべきでしょう。このように、レポートを書くにあたっては、レポートの目的を考え、それに照らし合わせて、報告すべきものを明確にする必要があるわけです。

例題 1-4
　　年度末のサークルの会計報告において、報告すべき相手を意識して、報告する内容を報告目的と合わせて考えてみてください。

第2章
学生生活で、どう学ぶ？

　さて、第1章では学生生活を見ながら、学ぶ力、問題解決能力、コミュニケーション能力などの必要性を見てきました。今の自分と照らし合わせて、どうでしたか？　次に、この章では学生生活の中で、これらの能力をどのように身につけていくかを見ていきたいと思います。

　大学への進学率が55％を超え、学生や社会が大学に求めることも変わってきました。それに伴うカリキュラムの変更が行われ、新しい科目も増えてきました。最近の傾向としては、社会に出てすぐに役に立つ実務的なことが重視されていますが、昔から変わることのない基礎学問の教育もまたしっかりと行われています。

　さて、大学で学ぶことの意義は、なんでしょうか？　いろいろな意見がありますが、一番は、先人が築いた知識や知恵の体系を学び、それを新しい事象に応用・展開していく能力を高めることにあると思います。新しい事象は、社会との接点を持ちますから、理系であっても人文科学系の科目を学ぶ必要があり、また自然の中で生きる人間や地球環境が前提になるので、文系であっても自然科学系の学びが必要です。そのために教養科目の履修が決められているのですが、今のままで十分かどうかは再考の余地がありそうです。しかしここでは、そのことには深入りせずに、現状の教育システムを前提にして、大学生一人ひとりができるような範囲で話を進めていこうと思います。その理由は、大学時代に学ぶということを、大学の中だけでなく大学の外にも見つけて行って欲しいと思うからです。学部での4年間、大学院の修士課程まで含めると6年間という、社会に出る前の若き日の貴重な期間を、ぜひとも人間として大きく成長するため（正確には「成長できる能力を高める」ということです。成長は一生続きますので）に有効に使って欲しいと思います。

2.1 学ぶ力を、どう学ぶ？

> **【夏休みの過ごし方】**
>
> **明日香**
> 　夏休みに特別演習のプログラミング講義があるけど、就職先での仕事を考えると、とっておいた方が良いかしら？　学生生活で最後の夏休みだし、今しかできないことに取り組みたい気もするし、悩むなぁ。
>
> **五郎**
> 　確かに、プログラミングのスキルがあれば何かと役に立つだろうけど、特別演習は言語にかなり依存したマニアックな内容だし、かける労力の割には得るものが微妙なんだよね。むしろ、ソフトウェア設計の演習の方が汎用性があって、僕としては食指が動くな。一方で、折角の最後の夏休みだし、旧街道の徒歩旅行をしつつ、いろいろな人とふれ合うとかもいいかなぁ。

専門的なスキルと応用力の獲得法

　大学の学部や学科はずいぶんと細分化されるようになりました。学部の4年間はもう少し大きなくくりでも良いように思いますが、学問分野の発展や多様化の中でこのようになってきたのでしょう。それでも、学科によって専門性が強いところと、比較的広いところ（潰しが効く、とも言われる）があります。前者の代表例は医学部や芸術系の学部ですが、それ以外の大多数の学部や学科のほとんどは程度の差こそあれ後者に入るでしょう。大学院になるとより専門色が強くなりますので、いわゆる「潰しが効きにくく」なりますが、それでも修士課程であれば学部と大差はありません。博士課程になると、それがより鮮明になります。これは、社会に出るときの就職の求人にも反映されており、学部と修士で区別するところはあまりありませんが、博士課程になると扱いが別になることが多くなります。ここでは、大多数である普通の学部や大学院を想定して話を進めていきます。

　最近は、社会に出てすぐに役に立つような専門的なスキルを大学で身につけ

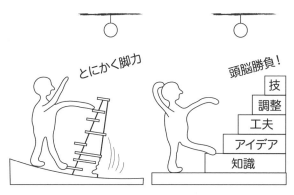

即戦力か？　応用力か？

て欲しいということを聞くことがあります。これに対して、それは大学の教育の目的とは異なるとか、むしろ応用することができるような使える基礎力こそ身につけるべきだとか、いろいろな意見があります。たぶん、最初のことばも、「せめて社会に出てからあまり手間をかけなくても、すんなりと仕事に就けるくらいの能力は大学で身につけてきて欲しい」というような意味ではないかと推察されます。すると、これは「即戦力としてのスキル」を求めているのではなく、「応用できるスキル」が今でも相変わらず求められていることになります。このあたりの真意は不明ですが、社会の求めを表面的に捉えてそれに単純に応えようとするのは少し違うのではないかと思います。もっとも、「社会の求めに応じた」ということはでき、それで社会からの評価を高めたように見えることはあります。しかし、この狭間で不利益を被るのは学生です。かつて「ゆとり教育」というのがありましたが、このときと何か似ていませんか。

　大学で学ぶことの基本はそれが教養科目であっても専門科目であっても、未来の何か新しい事象に対して、応用することができる、そういう基礎的な能力になります。これらは、トピックス的に科目を選択しても無理で、基礎から積み上げていくことが重要です。そうでないと理解の幅が狭いものになってしまいます。たとえば工学部の専門科目の履修では、高校や大学初年時の数学・物理・化学などの基礎科目の修得が前提になっています。これらの基礎科目の理解が不十分でも専門科目を学ぶことは可能ですが、理解し自分のものにするところで大きな差ができてしまいます。かつて、この基礎科目で必要な単位を修得していないと進級できない（留年という）制度が多かったのには、このような背景があったためです。このようなことから、大学において専門的なスキル

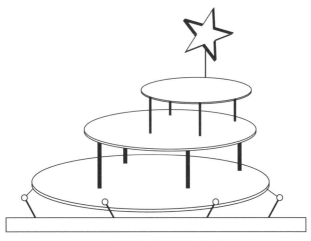

基礎からの積み重ねが大切

を獲得する方法が見えてきます。

　ちょっと考えると逆のように感じるかもしれませんが、基礎科目の幅は相当に広く、専門科目の幅はかなり狭いということです。基礎科目として、工学部の場合、「数学・物理・化学など」と書きましたが、これもごく一部です。所属する学部のカリキュラムにないような科目も、あるいはそもそも大学のカリキュラムにないような内容の基礎学問もあります。そもそも授業で学ぶという以外の手段でしか学べないような内容もあります。そのくらい学問の基礎は広いということです。先に大学の外にも学びの場を広げていって欲しいと書いたゆえんです。そう考えると、基礎科目を学んでいて、「何の役に立つのかわからない」というのが見当違いであることに気がつくでしょう。「何の役に立つのかわかる」程度では、まだまだ勉強が足りていないということです。しかし、「何の役に立つのかわからないから意欲がわかない」という声が聞こえてきます。これに対してはよくできたもので、そもそもの人間の知的好奇心がうまく働いてくれます。知らないことを知る、できないことができるようになる、ということに対する意欲があれば、学び続けることができます。また、それこそがこれらの基礎科目で学んだことを専門科目の学びに活かしていくコツになります。

　最近よく人間力という言葉を聞きますが、これは何を指しているのでしょうか。何となくイメージはできるのですが、やや漠然としています。いろいろと

挙げてきて残ったものをまとめたものが人間力のような気もします。この章では、これを「成長できる能力」として話を続けます。第3章でも、社会に出てからの成長の話をしますが、同じことです。社会に出てから急に成長を始めるということはあまりありませんから、大学生のうちに成長できるようにそのための能力を高めていくことが必要です。就職活動での採用面接で一番重視されるのがこれではないかと思います。人は別に学校の勉強でなくてもさまざまな経験を通して学び人間的にも成長していきます。それは重要だし必要なことですが、ここではそれに加えて特別な成長を目指します。深い基礎学問の学びに裏付けされた、まさに大学生ならではの「成長できる能力」です。

　専門科目を学ぶときに、数学や物理で学んだ基礎的な公式や法則が出てきます。オイラーの公式、フーリエ級数展開や微分方程式の解法、ニュートンの法則やエネルギーの保存則といったものです。これらは、すでに学んでいることなので、テキストの説明や講義の内容から理解することができるはずです。しかし、時々これを「暗記するもの」「覚えておくもの」と考えている人がいます。学んだことを覚えておいて、それを「使う」のが専門科目の学び方だと思っています。仮に忘れても「公式集」を見たり、ネットでちょっと調べれば引き出すことができますから、表向きはこれで困りません。解き方も幾つかのパターンを覚えていれば「当てはめる」ことで解くことができます。このようなやり

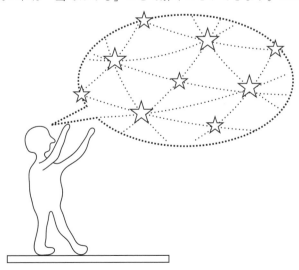

人間力＝成長できる能力

方は、大学の受験勉強では普通だったのかもしれません。それに、このようなやり方で要領よく短い時間で結果を出すことが、合格の一手段でもありました。それを大学での学びにも使おうとすると、受験勉強の弊害の側面がクローズアップされてきます。大学の学びにおいては「要領よく短い時間で結果を出す」必要はありません。たっぷり時間をかけて、考えるプロセスそのものを味わって欲しいのです。その掛けた時間の多寡によってその学生が人間として成長できる能力に差がつくことになります。だからより多くの時間を掛けて欲しいのです。そのために、大学時代というのは、カリキュラムにしても割とゆったりしています。高校までのように朝から夕方までびっしりということはありません。時間を贅沢に使って学ぶことで人間力（成長できる能力）を高めることができます。

例題 2-1
 (1) ある文学小説（源氏物語など）を対象とし、その主題についての考察を深めることによって学び取ることができる汎用的な能力を考えてみよう。
 (2) ある物理現象（空気中のボールの動きなど）を対象とし、その現象を精緻にシミュレーションすることを通して学びとることができる汎用的な能力を考えてみよう。
 (3) ある経済現象（インフレーション等）を対象とし、その現象のメカニズムの読みときを通して学びとることができる汎用的な能力を考えてみよう。

> **【オープンキャンパスを終えて】**
>
> **明日香**
> 　先日のオープンキャンパスは、ほんとうに疲れたわ。でも、高校生に私たちの研究成果のすごさを理解してもらえてほんとうに良かった。一ヶ月も準備に時間を掛けた甲斐があったわ。
>
> **五郎**
> 　それはよかったね。僕の方は、改めて考えると結構答えに窮する質問が多くて困ったよ。先輩は、専門用語でまくし立てていたけど、多分高校生には伝わってないよな。正しく、基本的な言葉や概念で最先端の研究成果を話すのって難しいよ。まだ僕自身理解が足りないのかな。日々精進だな。

科学的に学ぶということ

　日頃大学で研究・教育活動をしていると「科学的」に学ぶということについて、いろいろと考えることがあります。前述した暗記や記憶に頼るというのも一つですが、もう少し原理的なことを考えてみたいと思います。それは、「知る」と「理解する」の違いです。「知る」という言葉はやや表面的な意味を示しているようにも思えます。本来はそうでもないのでしょうが、日常生活で「知っている」という言葉が多く使われていることからも、あまり深いことまでは考えずに単なる知識として「知っている」というような場合です。それでも「知識」がないよりはあった方が良いのでしょうが、いわゆる「暗記」の領域を連想させます。これに対して「理解する」というと、これはそれなりに自分の頭で考えて自分のものにして初めて使える言葉です。「識る」という漢字を充てるとニュアンスとしては近いかもしれませんが、あまり使われません。このように、自分で考えるというプロセスを経るというのは、応用できるものにするための基本なのですが、そのためには「知る」ではなく「理解する」ことが非常に重要です。

　ここで言いたいことは、学ぶということが「知る」に終始していないかということです。授業を受けても、本を読んでも、多くの新しいことを「知る」こ

とができます。それだけで新鮮だし、満足感が得られます。いわゆる好奇心を満足させてくれます。しかし、ここに落とし穴があって、ここで終わってしまっては、ただ知識を習得しただけにしかなりません。同じような問題にパターンの当てはめはできても応用は難しいでしょう。その知識を使える道具にするためのプロセスが「理解する」ということになります。しかし、どうすれば「理解した」と言えるのか、わかりにくいかもしれません。人から説明を聞いても「理解しました」という返答をする人はまずいません。せいぜい「わかりました」でしょう。何がどこまでわかったのか？　と質問したくなりますが、普通にそのように答えて済ませます。似たような受け答えに「了解しました」「承知しました」などもありますが、「理解しました」というほどのインパクトはありません。言葉の使い方の適不適はさておいて、その中身を考察してみましょう。

　「知る」と「理解する」の間には大きな隔たりがあります。講義を聞いたり、本を読んで「知る」ことはできても、そのままでは「理解する」ことはできません。教員も「知らしめる」ことはできても「理解させること」はできません。むしろ、それはしてはいけないことだと思います。「理解する」ことは、学ぶ側の内面のことであり、個人的な思考の中で行われるべきことです。ですので、教員にできることは、知識を与えて、せいぜい考え方のヒントを与えて、その道筋を示してあげるまでです。その道を歩くのは学生一人ひとりでなければいけません。自由に自発的な意思で歩かなければいけません。途中で迷えば助言はしますが、自力で歩くことが肝要です。こうして、知識を「理解して」自分のものにしていきます。これを大学時代にいろいろな科目で繰り返していきます。講義科目よりも、ゼミナールや実験科目のほうが、やりやすいかもしれ

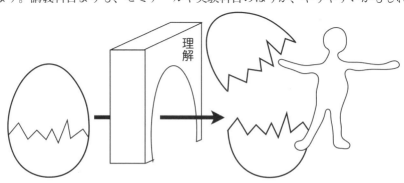

「理解するプロセス」を経て一人前になる

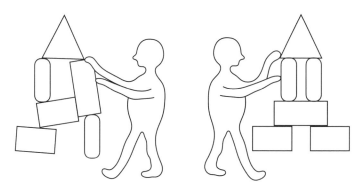

再構成（Reconstruction）

ません。講義では、このようなことを意識しなくても済んでしまう場合がありますが、レポート、発表などが求められるゼミや実験では、意識して「理解する」というプロセスを経ないと完了しないようになっていることが多いものです。こうして自立していけば、もう卒業して社会に出ても怖くありません。実は、就活における採用面接では、そういう自立した人物かどうかを見ていると言えるかもしれません。

　この「知る」から「理解する」というプロセスをもう少し考えてみましょう。理屈ではわかっていても、どうやれば良いのかわかりにくいと思います。ここでは二つの方法を提案します。一つは、再構成するということ、もう一つは、「何故？」という疑問を常に持つことです。どちらも、手間が必要な時間のかかるやり方です。しかし、この「時間がかかる」ということを「考えた時間だけ成長できる」と思うことにしましょう。これは、むしろある程度要領がわるい人にこそ向いていると言えます。要領が良すぎて、表面的に物事を処理しがちな人は逆に注意した方が良いかもしれません。使えないたくさんの知識を抱え込むことになりかねません。条件反射のようにすぐに「わかりました」を連発する人は要注意です。

　まず「再構成」です。特に理系の科目では、テキストでは計算の途中経過は省かれています。それを書くと、大変な量になるということもありますが、それは学ぶ人が自分でやることで、せいぜい答えあわせのための結果だけ示しておけばそれで十分だというのもあります。この結果に到達するには、計算力や根気、正確さなどが必要になります。そのような計算を社会に出てからまたやることはあまりありません。しかし、若い時に必ずやっておいてほしいのです。

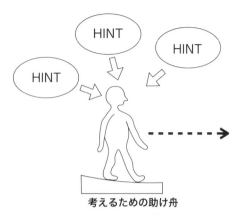
考えるための助け舟

何故か。それは、膨大な計算をやっている間に、これまでに学んできたり経験して脳内に蓄積されているものがフル稼動することを経験できるからです。そしてこのような「知的」作業をやりながら考えてみて欲しいのです。かつての天才と言われた偉人も同じようなことをやって到達したということを。その同じ道を進んでいるというのは実はものすごいことなのです。こうして自分なりに結論に到達し、でもそこでちゃんと答えあわせができるのは今の時代に学ぶ側の役得です。

　もう一つ「なぜ？」という疑問です。こういうとみなさんは小さな子どもを思い浮かべるかもしれません。成長して少し知恵がついてくると、しつこく「なんで？」と聞くことが多くなる時期があります。あまりにも素朴かつ根源的な質問なので、大人でもしどろもどろになってしまいます。しかし、彼らの頭の中でも、ちょうど、物事の繋がりを理解しようという欲求が強くなってきている時期であるために、こういう質問が多くなるのでしょう。次第に質問を選んだり、質問の仕方を変えたり、相手を選んだりするようになります。そして、だんだんと質問をしなくなります。質問をしても返答の想像がついてしまうともう聞かなくなるし、そもそも自制してしまうこともあります。一方で、自分で考えるという習慣も芽生えてきて、なんでも聞くことが得策ではないことくらいは本能的にもわかってきます。大学生も、一般的には質問は少ないものです。「自分で解決したい」という思いもあれば、「子どもじみた"なぜ？"を皆の前で発するのも気恥ずかしい」ということもあるのでしょう。教員は、質問に応えるのも仕事のうちですから、質問を受けるとあの手この手を尽くして対応します。でも基本は「教えない」です。意地悪をしているのではなく親切

心からです。せっかくの「考える楽しみ」を奪ってしまっては申し訳ないので、なるべく「教えない」のが良いと思っています。そのかわり、何をどうすれば迷わずにできるのかそのヒントを出すようにします。あくまでも自力で歩けるように助け舟を出すということです。教員にもよるかもしれませんが、学生は、もっと安心して質問をして良いと思います。

例題 2-2
（1）空の色がなぜ変わるのかを小学生にわかるように説明してみよう。
（2）説明ができない場合は、何がわかれば説明できるかを考えてみよう。

【授業の選択にあたって】

健二
　ようやくインカレも終わったし、後期は、ちゃんと単位を取っていかないと。卒業できなくなってしまう。まだ結構な単位をとらないといけないから、困ったなあ。

明日香
　それは大変ね。効率よく単位をとるためには、ネット上にある講義の評判や、先生の鬼仏表とか参考にした方が良いかもね。出席もとらないで、過去問と同じ問題を出す先生だと、過去問の答えを覚えておけば良いから楽勝よ。

五郎
　確かに卒業がかかっていると、そんな感じかもしれないけど、高い授業料払って、単位をとることだけを目的にするのもどうかなって思うよ。単位を取ることは手段であって、目的じゃないはずだし。どうせ勉強するなら、僕は、単位をとるためっていうより、何か本当に役に立つものを学び取りたいな。

自由に学ぶということ

　第3章では、社会に出てからの「学び」について見ていきますが、ここはまだ準備の段階です。今やスポーツの選手も科学的に分析されたトレーニングを積まないと優れた結果は出せない時代のようですが、学びについても同じことが言えます。むしろ体力や体型による先天的な要因が少ない分、勉強法は以前より注目されています。書店に行けば「……の勉強法」の本はたくさん出ています。これらを読んでみて自分にあった方法を見つけるのも良いでしょうし、いろいろ読めばヒントが得られますから、少なくとも本代分ぐらいのメリットは得られるでしょう。本というものは思う以上に安いものなので、読書を惜しまないことです。それはさておき、ここでは多分あまり書かれていないようなことをお話ししましょう。

　前項で、少なくない人が「このようなことを学んで何の役に立つのか？」と

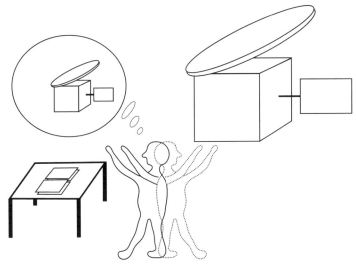
学ぶことを楽しむ

いう疑問を持つということを述べました。探していたら、このような疑問にちゃんと答えてくれている本があって感心しました。役に立つと思えればやる気になるというのもわかります。高校生ならば、当面の目標とはいえ、大学受験というのはわかりやすい目標です。しかし、その目標が達成された瞬間に次の目標を探し始めて自分探しに行ってしまう人がいます。もちろん、目標は大切ですし、じっくりと考えて探し求めていけば良いのですが、目標が定まらないと「やる気が出ない」というのも困ったものです。仕事においてはこれで良いのですが、学生の学びは仕事ではありません。効率や能率を優先する必要はありませんし、もっと自由に学ぶことを楽しんでも良いと思います。かつては、そのようなことが許されない不幸な時代がありました。しかし、大学全入時代と言われている現代において、多くの大学生が、自由に学ぶことを楽しんだら、何が起こるでしょうか。

　ここでは、「学ばない自由」とか「授業を休む自由」については触れません。あくまでも学ぶことを前提に、どう学ぶかという方法においての自由です。学ぶこと自体が楽しくなりますし、だからやりがいや達成感が得られます。仮に試験がうまくできなくても、自分が納得した学び方をしたのですから挫折感はありません。問題の出し方がわるいのだ、と思えば済む話です。成績の良し悪しや単位の有無をいうほどのことにはならないでしょう。それでもまずいと思

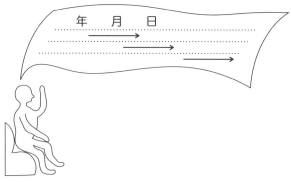
学びのイニシアティブを取り戻す

えば自己責任ですから、自分で今後のやり方を改めれば良いのです。なんでも人のせい、教師のせいにするという責任転嫁の思考パターンからも抜け出せますので、これもメリット大です。こうして、学びにおいてのイニシアティブを自分に取り戻していきます。ここで、「取り戻す」という表現を使いました。これは、人間は本来生まれながらにしてそれを持っていたと考えるからです。しかし、自らの意思とは別のところで、知らず知らずのうちに自分の手から離れて行ってしまったもの、それを「取り戻す」行為という意味です。こうするためには、またこうなるためには、ある程度の意思の強さと思考力が必要です。しかし、これこそが、前節で述べた人間として成長するための原動力になります。

例題 2-3
　　自分が受講している講義科目を一つ想定し、理解度を適切に評価するために必要十分な問題をつくってみましょう。

【コラム】考える方法

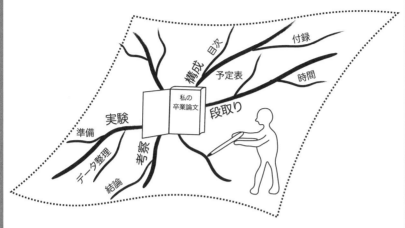

道具を使って考える

　本書の基底には「考える」ということがあります。これについては、「……の思考法」とか「……を考える方法」といった本がたくさん出ていると思いますので、すでに何冊か読まれている方もいるかと思います。自分なりの考える方法が身についている人はそれで良いのですが、そうでない人にヒントを一つ。それは「書きながら考える」ことです。そういえば、子どものころ、つまらない授業の合間に、ノートの余白に絵や図をいたずら描きをした経験を持っている人がいると思います。実は、そのときに、授業のことは頭に入っていなくて（つまらないから当然です）、自分で好きなように思考を巡らせていたのです。頭の中だけで考えていても良いのですが、なぜかノートの余白というのは恰好の「考えるためのスペース」でした。つまり、考えるためには、白い大きな紙があれば良いのです。今なら余白などとケチなことは言わずに、A4版かA3版程度のコピー用紙を使いましょう。白い大きな紙を前に、好きな筆記具で自由に書きながら考えるのが良いでしょう。筆記具も、黒一色より色とりどりにカラフルなものが良いでしょう。このような方法を使った思考法として知られているものもあり、道具を使って考えをまとめたり深めたりするのは非常に有効な方法です。

　実は、この図を描くというのは、複雑な物事を理解する上でも役立ちま

す。新聞や雑誌、あるいはテレビのニュースでも、説明の際に図や絵が多用されています。人の前で何かを発表したり講演したりした人はすでに経験済みと思いますが、スライドは図を中心に使って作成します。文章を使った伝達では、言葉で説明しなくても読んだだけで相手に伝わらなければなりません。だから文章は論理的に書かれている必要があります。しかし、図や絵は、自分の考えをまとめたり深めたりするのに使ったり、あるいは言葉で説明する際の道具として使います。これをうまく学びの場で使ってみましょう。自己流で良いから図や絵、イラスト、フローチャートなど、可能な限りノートに書いていくことです。そのために、筆者の授業ではノートに「A4版罫線なし」のノートを推奨しています。図を描くにも計算をするにも罫線は邪魔です。またなるべく大きいサイズのノートが良いのでB5版よりA4版です。これなら見開きでA3版になりますから、ケチらずにページを使えばあまり不自由はしないと思います。足りない部分は、コピー用紙を貼り付けたりしてスペースの拡大をしましょう。大事なことは、自分をノートに合わせるのではなく、ノートを自分に合わせることです。こうして、学びのイニシアティブを自分に取り戻すのです。

2.2 学生生活最大の難問?

> **【卒業研究の開始】**
>
> **明日香**
> 　そろそろ卒業研究のテーマを決めなくっちゃいけないけど、先輩達がもうやり尽くしていて、いったい何をテーマに研究をすればよいのかわからないわ。そもそも、何をどこまでやったら卒業研究として認めてもらえるのかしら？　優しそうな先生だから、わからなければ聞けば良いのかな。
>
> **健二**
> 　うちの研究室は、テーマで悩むことはないな。教授のやってる研究テーマの一部を課題として出されて、やっていくだけだし。研究っていうより、作業に近いかも。
>
> **五郎**
> 　卒業研究は、分野や研究室によってさまざまだね。僕のところは、教授は基本的にはアドバイスはするけど、レールは引かないってスタンスだね。問題設定から、必要なスキル・知識の取得、まとめ方まで自分で好きにやりなさいって言われたよ。自由な反面、道を見失って卒業できない人も毎年何人か出るのが少し怖いかな。でも、まあ世の中そんなもんだよな。

卒業研究にどう取り組む？
　大学では4年次生のときに卒業研究が課される大学が多いと思います。特に理系ではほとんどの大学・学部で卒業研究が必修科目になっています。1年間にわたり一つのテーマについて集中して取り上げて、自分で課題としての問いを設定しそれを実験や解析、あるいは観察や調査などで解決してそのこたえを見出し、結論を得るというものです。このプロセス自体は、一般的な研究のものですし、小中学校での夏休みの自由研究とも似たようなアプローチになります。もちろん、多くの専門科目を学び応用力を身につけた大学生がやるので

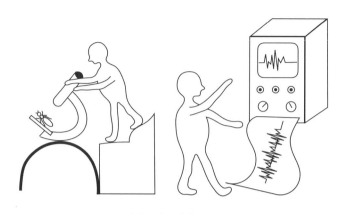

自由研究と卒業研究

すから、内容的にはずっと高度になります。測定器や装置などもより専門的なものが使えるようになっています。また、課題の設定にしても、単なる思いつきではなく、文献資料にあたり、これまでに明らかにされていなかったことや、行われていなかったことなどに着目し、またその必要な場面がどのようなところにあるのかということを理屈で詰めていく必要があります。特に、この新しさと価値が無ければ、研究として意味をなしません。世の中に答えがすでにあることを「調べる」といったことが許された夏休みの自由研究とはそこが大きく違います。「答えのない問題にどう取り組むか?」をここでは問われるわけです。

　さて、卒業研究でまず初めに行うのは、研究計画です。最初の1〜3ヶ月程度は、文献などの各種情報を調べたり、研究の周辺調査に充てることが多いと思います。この時点で卒業論文のテーマを模索しつつ、その研究の完成までのステップやスケジュールを設定します。約7〜8ヶ月程度の期間のスケジュールを作るというのは初めてかもしれませんが、恐れる必要はありません。最初のうちは細かく作成し、先の方はまだ大雑把で構いません。ただし、一人ではできない部分については、タイミングを合わせるところを押さえておく必要があります。フィールドワークが必要ならば、季節によって左右されるような観測や、外部機関との連携で行うような作業を伴う場合には、自分がやるスケジュールと整合が取れるようにしておく必要があります。

　スケジュールは一度決めたら変えないというものではありません。もちろん、変えられない部分もありますが、そうでない場合はやりながら見直していけば

良いのです。それも単に遅れを反映するというだけでなく、当初のスケジュールが守れないような場合は、早めに方法そのものを見直したりする必要があります。このように計画性を持って進めることは、高校生までにやってきたことと大きく異なることかもしれません。もっとも、社会に出ればこのような仕事のやり方が当たり前になるので、そのためのトレーニングにもなるわけです。幸いなことに就職活動の時期とも重なりますので、このような卒業研究が順調に進んでいる学生は、面接をしても受け答えの歯切れが良くすぐに内定が得られるケースが多いものです。それでも、就活と卒業研究を両立させるというのは大きな負担に感じることだと思います。その負担を少しでも軽減するには、両立させようという強い意志を持つことです。それは企業や組織の面接者にもすぐにわかることですし、そのような学生は採用しても、仕事の面でも困難な局面においても言い訳をせずに立ち向かうことができるだろうという印象を持ってもらえます。

　卒業研究において心がけることで大切なことを最後にお話ししておきます。それは、指導する教員の専門分野に関わる内容の研究をするケースが多いために、かなり専門性が高い内容になるということです。社会に出てからその専門分野に関する仕事につくということはあまり多くありません。だからと言って、卒業研究をやっても社会に出てから何の役にも立たないという人はいません。しかし、中にはそのように考える人が時々います。そう考えると、必修科目といえども卒業研究に身が入らずに、前述したような就活での恩恵を受ける機会も逃してしまいます。卒業研究では、この専門的な内容の理解を深めるということだけでなく、それに1年かけて真剣に取り組んだ結果得られた、問題や課題の発見能力や解決能力、あるいはそれをまとめることができる能力といったことを、総合的にしかも容易に獲得することができます。これらの能力は、社会に出るまでに身につけるべき重要な能力と言われ、いろいろな授業でその習得が試みられていますが、卒業研究をきちんとやればそれだけで他のどのような学習よりも効果的です。このように卒業研究は、大学時代最後の学びの集大成と言っても良いでしょう。就職した後でも、どのようなことをやってきたのか同僚の前で紹介させられることもありますし、何かと話題に上がることも多いものです。そのときに、自分をアピールする格好の材料にもなります。

> **【卒業研究の進め方】**
>
> **健二**
> 　明後日研究室の中間発表だけど、まだできていない。かなりまずい気もするけど、先週はまたオープンキャンパスがあって、研究室の手伝いで一杯一杯だったよ。研究室の用事で研究が遅れたのだから教授も文句は言わないだろう。
>
> **明日香**
> 　でも、オープンキャンパスの予定って、数ヶ月前からわかっていたことでしょ。それを理由に研究の遅れの言い訳なんて、ちょっと姑息なんじゃない？　私は、先週ちょっと体調を崩したけど、ちゃんと、中間発表の資料はまとめたわよ。無理した分、その後2、3日寝込んだけど。

スケジュールの作成と管理のコツ
　健康を維持することが重要なことはわかっていても、特に若いうちはついつい後回しになってしまいがちです。社会に出ると、無理な目標を組織や上司に設定されたり、予定通りに部品が納入されなかったり、予期せぬトラブルが発生したり、さまざまな要因でスケジュールに遅れが生じます。スケジュールは、ある程度の余裕（マージン）をもたせて組むものですが、もはや回復ができないほどの遅れが生じることも稀ではありません。それどころか日常茶飯事と言ってもいいかもしれません。そのような場面でも、仕事のやり方を工夫したり、スピードアップをしたり、徹夜をしたりしてなんとか間に合わせるということが行われます。結果が良ければそれで終わりということで、あまり反省することなく、また次に同じような局面に遭遇していきます。いつも行き当たりばったり。その場しのぎのやり方は意外にも身の回りに多いものです。
　でも考えてみてください。生身の人間ですから、風邪をひくこともあるし、急に体調を崩すこともあります。家族がいれば、自分だけでなく、子どもが熱を出したり怪我をしたりと、日常生活の中でも突発的なことがよく起こります。しかし、このようなことはあまりスケジュールに入れることはありません。本

来のスケジュールの余裕とは、このようなそれを実行する人に起因することにこそ使うべきなのに、そうではない、言い換えればスケジュール管理のずさんさに起因する遅れの解消に使われることが多いものです。スケジュール管理となると自分だけではどうにもなりませんが、いずれは管理する立場になるわけですから、日頃の生活の中でちょっとしたトレーニングをしてみましょう。

　大学の卒業論文の場合は、1年程度の期間にわたって、ほぼ一人で、教員の指導を受けながら実施しまとめていきます。教員の指導と言っても、社会に出る一歩前の大学生を相手にしてのことですから、初歩的なことから手取り足取りということはあまりしません。スケジュールについても、自分で立てて自分で進捗を管理するのが基本です。もちろん、要所要所で目標（マイルストーン）があります。一般的には、計画書の提出、中間発表、卒業論文の提出、成果発表会、あたりだとおもいます。それぞれにおいて、何が要求されるかはあらかじめ示されています。それが達成できるように、スケジュールを作っていきます。しかしこれだけでは数ヶ月単位の大雑把なもので、努力目標でしかありません。これで努力すればできると思うことは非常に危険です。それを週単位、日単位にまでブレークダウンしたものを自分で作ります。他の授業や趣味や気分転換などに必要な時間もあるでしょうから、自分の生活と整合させることは言うまでもありません。これは、努力目標ではなく、実現可能な現実的な目標設定になります。だから自分で作るしかないのです。見直しも自分でします。学生のうちに、努力目標ではなく、実現可能な目標（これが本当のスケジュール）をつくり、それを実行しながら修正していくということをぜひ経験して欲しいと思います。

例題 2-4

　　五郎君の研究室では、毎週ゼミがありますが、研究の進捗報告は学生の判断に任されています。あなたは、以下のどの学生の考え方に近いでしょうか？研究を円滑に進める上では、どの学生が好ましいと思いますか？　一方で、自分を成長させる上では、どうあるべきだと思いますか？

A君：まとまらない報告をしても怒られそうだし、横槍を入れられるのも嫌だから、研究がうまく進んだときに報告すればいいや。

B君：わからないことは、聞いた方が研究が進むから、まとまってなくても毎週進捗報告をしよう。

C君：ひとかたまりの研究進捗っていうとまあ一ヶ月はかかるから、一ヶ月毎を目安に研究報告をしよう。一方で、研究に行き詰まったときは、随時相談すればいいや。

D君：進捗報告が自由なんだったら別に報告しなくてもいいよな。どうせ中間発表もあるし。

【コラム】無駄をなくすのは良いことか？

　ちょっと前の節で、物事をすすめる上である種のなまけものであってもよいという話をしました。これは、もっというと効率的かつ効果的に物事をすすめるべきであるということです。何かをやるときに投入するリソース（時間、労力、お金などなど）に対して、効果を評価し、やり方を考え直すということです。前に述べたように、勉強だけでなく、部活動における練習にも同じことがいえます。合唱部の練習だって同じです。なにも考えずに歌を何度も歌うだけでは、うまくなりません。うまくなるためには、多角的にみながら、練習方法を考え直し、無駄な練習をなくし、限られた練習時間で効果的に成果を挙げていくことが望まれていると思います。

　この無駄をなくすというのは、昨今の政治・経済の話題においてもキーワードとして良く挙がっています。「無駄な公共事業をやめる」や、「無駄な人件費を削減する」などです。先に述べたように、明らかな無駄をなくそうと努力する、生産性を向上させるために効率化を図ることはわるいことではないと思います。しかし、現実の問題で無駄を完全になくすことができるかどうか考えてみてください。まず、無駄を無駄と判断するには、評価指標を適切に決めなければなりません。実社会の問題において適切にこの評価指標を設定できるかというのは非常に難しい問題です。上記の合唱の練習を例に考えてみましょう。たとえば、練習中のおしゃべりは無駄でしょうか？　練習によって歌を上達させるという視点（評価指標）からは、練習中のおしゃべりは無駄かもしれません。一方で、部活で友達と楽しく過ごすという視点（評価指標）からは、練習中のおしゃべりは必須なのかもしれません。このように、視点（評価指標）を少し切り変えてみるだけで、無駄かどうかは大きく変わってきます。ですので、無駄をなくすときには、評価指標が適切かということを、本当によく考える必要があります。

　次に、選択したものが、無駄なく最適であると言えるかを考えてみましょう。これを証明しようとすると、選択しなかった他のすべての可能性を挙げて、それよりも選択したものがある評価指標において良いことを示す必要があります。しかし、すべての可能性を挙げることは通常はできません。多くの可能性を挙げて検討するだけでも非常に労力がかかります。つまり、

無駄をなくすための作業が膨大になり、結果として本来注力すべき作業に注力できなくなってしまいます。そのことから、「"無駄に"無駄をなくす努力はやめて、ほどほどにする」ということを考えるべきです。私の日常生活の例で言えば、何かの作業をやるときには、通常の活動の時間に対して、効率化のための検討・改良をする時間を5〜10%ぐらいを目安にとっています。これぐらいにとどめておくのが良いと思いますし、逆にこのぐらいの時間は、自分の選択した道が適切かを見直す時間としてとった方が良いとも言えます。

2.3 伝えるということ

> **【レポートへの取り組み】**
>
> **健二**
> 　あぁあー。ようやくたまった実験レポートを出し終えた。先輩の話だと、〇〇先生の講義は、レポートをだしさえすれば単位はどうにかなるっていってたから大丈夫だろう。一方で、××先生の実験は、レポートの書き方にまで文句を言われるから、大変だよ。
>
> **明日香**
> 　確かに、××先生の実験レポート、大変だよね。所詮、書き方なんて形式だから、書いてあることが正しければ、問題ないと私も思うんだけど。

レポートは何のために書くのか？

　高校生まではあまりなくて、なぜか大学生になると増えるものにレポートがあります。内容は、感想文のように自由に書いて良いものから、実験レポートのように書くことが決まっているものまでさまざまです。すべてのレポートが添削や採点がされて返却されることはないでしょうが、もしそのような場合に

なぜやることが中途半端になるのか？

は、その添削なりコメントを謙虚に受け止めて、次のレポートを作成する際に参考にする必要があります。しかし、仮に、あまり指摘やコメントがなかったからと言って安心してはいけません。教員にもよりますが、一つのレポートの中で、同じような指摘やコメントを繰り返さないこともよくあります。また、気づきのきっかけになるヒントだけを書くこともあります。指摘されたところだけを直せば良いと解釈せずに、レポートを作成する側は、そのことをよく理解して指摘やコメントを見る必要があります。

　これはレポートに限った話ではありませんが、どうもやることが中途半端になっていると感じることが多々あります。それも、便利なパソコンにインターネットが使える時代になってより顕著になっているようです。その理由はどこにあるのでしょうか。別にレポートは手書きでも良いのでしょうが、今はパソコンでワープロソフトを使って作成するのが普通です。図もドローソフトで作成してワープロソフトの文章の間に割り付けます。すべてを便利なパソコンで素早くできるようになったにもかかわらず、最後の詰めが甘い、体裁が完成版にほど遠いレポートが量産されています。このあたりでいいかとなり、「とりあえず」それを提出し、あとは指摘されたところだけを「直せば良い」といった考えのようです。実際にそういう言葉が、多く飛び交います。「とりあえず」と「……すれば良い」です。どのあたりで見切りをつけるかは学生によって異なりますので、中には十分に完成度が高いレポートを提出してくる学生もいますが、早々に諦めてしまう学生もかなりいます。

レポートはフォーマット（体裁）よりも中身が大切

レポート一つとっても社会に出ると、それは上司や会社・組織への報告だったり、場合によってはお金を払って依頼してくれるクライアント先への報告であることもあります。そのような場合には、指摘されて恥ずかしいような内容のレポートを出すわけにはいきません。自力で完成度を高めて、どこに出しても恥ずかしくないようなレポートを作成する必要があります。それが、その人や会社・組織の評価を高め、また次の仕事の受注へとつながります。学生のうちは、そのような立場ではないので、気が楽かもしれませんが、レポートの作成を重ねることで、完成度の高いレポートを素早く仕上げるスキルをぜひ磨いてほしいと思います。

　レポートというと、つい体裁やフォーマットに目が行きがちですが、言うまでもなく大事なのは「中身」です。「中身」は、当然ですが自分で理解した範囲でないといけません。よくテキストの引き写しにデータだけ自分でやった結果を載せてというのを見受けますが、それでは自分で書いたレポートとは言えません。一度テキストを閉じて、自分の中で理論や原理を「再現」してみると良いでしょう。自分の言葉で、自分が理解する際に頭の中に浮かんだイメージを図に書いたりすれば、十分に独自性のあるレポートになります。授業で行う実験の場合は、やることは決まっているし、実験の手順も道具もテキストの中に書かれていることが普通です。あまり工夫する余地はないのですが、そのテキストをあくまでも「参考」としてみて、自分の中で「再現」してみることです。

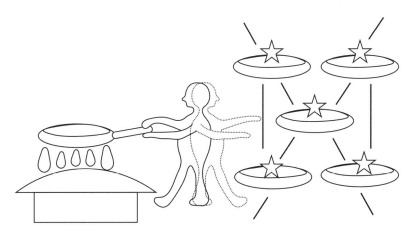

料理と実験の類似性

第2章　学生生活で、どう学ぶ？　**69**

これを料理に例えてみましょう。詳しいレシピが本に出ているとします。その箇所を見ながら料理を作ることもできますが、そうではなく、一旦、紙にメモのようなものを作成します。自分で作るので自分だけがわかれば良いのです。すべて文字で書く必要はありません。イメージ図や記号などを入れても良いのです。このメモができたら本は閉じます。そしてメモだけを手にキッチンに入り料理を作ります。このプロセスでは、実は、メモを作る過程で頭の中で一旦料理をしていることになります。だから、いざ実際に作ろうとした際に困りそうな箇所は、それなりに補強してあります。場合によっては他を調べて書き加えておくこともあります。そういうメモだから、そのメモだけ見ながら問題なく料理を作ることができます。このメモに相当するのが、実験の授業では実験ノートになります。自分の実験ノートだけを見てレポートを書きます。ちなみに、料理においても先のメモをもとにして、1回作っただけで、自分でレシピを書き起こすことができますし、そのレシピは少なくとも自分にとっては、元になった本よりも良いものになっているでしょう。この場合、本は参考文献となります。

　このようなことから改めてまとめてみることにします。学生にとって、たとえば実験レポートは何のために書くのか。直接的には実験の内容を整理し理解を深めるためということになりますが、自分にとってはわかりにくかったテキスト（人のせいにするのは気持ちが良いものです）を、自分なりにわかりやすいものに作りなおすためということもできます。こう考えると、実験レポートの作成というものが非常にクリエィティブなものであることに気がつきます。面倒とか、時間がかかるとか言っているのがいかに的外れであるかということがわかると思います。こう考えることで、きっと明日からの実験授業やレポート作成が楽しくなることでしょう。

例題 2-5
　　自分の書いたレポートを一つ見直してみましょう。そのレポートによって、「自分が講義で学ぶべきことを理解し、修得している」ということを教師に伝えられるかを考えてみてください。

【コラム】科学における表現とは？

さて、すこし前に科学的に学ぶということを述べましたが、これを明確にするには、本来先に「科学とは何か？」ということを定義しなければなりません。しかし、これは非常に難しい問題です。すこし専門的になりますが、古典的な帰納主義によれば、「科学とは、多くの個別の観察結果を元に、普遍的な言明を得ること」と言えるかもしれません。実際、現在われわれの多くが科学的な証明として、この手法を利用しています。たとえば、複数のさまざまな条件下で、化学物質Aと化学物質Bの反応させた実験結果から、普遍的な言明として、「Aという化学物質をBに加えるとCができる」という結論を得るといったことがこれに当たります。しかし、この考え方は正しいでしょうか？

このような議論に関連して、バートランド・ラッセルの寓話があります。「ある七面鳥が、飼育場に連れて行かれた。その日、朝9時に餌を与えられた。この七面鳥は、慎重かつ論理的な思考を持っていたので、明日も朝9時にえさを与えられるとは考えなかった。しかし、翌日も、その翌日も、水曜日にも、木曜日にも、あたたかな日にも寒い日にも雨の日にも晴れの日にもえさは9時に与えられることが観察された。そこでこの七面鳥は、ついに帰納的推論を元に、いつも餌は9時になると出てくると結論した。しかし、その結論が誤りであることは、程なく証明された。クリスマスの前日のことである。七面鳥は、餌を与えられることなく、かわりに首を切られてしまった。」

この寓話が示していることは、10000回の実験結果においてAがBであっても、10001回目の結果において、AがBでない可能性を否定できないということです。このように観察結果に基づく帰納的推論は、あくまで推論であり、普遍的な事実とするには依然ギャップがあります。一般的にいわれる科学的証明の大半は、確からしいと結論づけるにとどまり、反証の可能性がある推論なのです。ですから、科学者は、学術的な場で主張の正しさを強めるために「絶対」という言葉を利用することはほとんどありません。何かしらの主張をするときに、その主張は反証される可能性があると知っているからです。現在、科学的に確からしいとされている事柄は、まだ反証されていない事柄に過ぎないとも考えられます。

さて、この定義の難しい科学ですが、私は、「科学とは、自然界にある事象を、多くの人が事象を共通認識として、反証可能でありながら確からしいと考えうる表現（主張）に再構成する営みである」と捉えています。多くの人が共通認識とできるようにするためには、表現が重要です。科学者が、数学的な表現を好み、曖昧さを排除するのは、そのためだと考えています。「理科系の作文技術」という名著に代表されるように、論文の書き方に加えて、科学レポートの書き方の本は枚挙にいとまがありません。これほど、多くの書籍が出ているのは、科学というものの根幹の一つに、「表現」があるからではないでしょうか。また、反証可能であるということから、主張を判断するために十分な材料がその言明の中で提示されていることも重要です。みなさんが科学的な文章を書く上では、この点にも注意をしてください。最後になりましたが、この本は、科学的でしょうか？　みなさん考えてみてください。

2.4 大学時代につくる将来設計

> **【大学生活のしめくくり】**
>
> **五郎**
> 　いよいよあと2ヶ月弱で大学生活も終わりだ。社会に出てからのことも考えて、4年間充実した日々を送ろうとしてきたけれど、なかなかうまくいかなかったな。先のことを考えすぎずに、健二みたいに、今を一所懸命にがんばる方が良かったのかな。
>
> **健二**
> 　そういうけど、俺は結局留年だよ。まあ、インカレに集中できたし、悔いはないけどね。おまえ達と比べると一年遅れるけど、長い人生、ゆっくり納得しながら進んでいくよ。
>
> **明日香**
> 　なんか、どこかで聞いたようなセリフね。そういえば、入社説明会で出会った帰国子女の加奈子って娘もそんなことを言っていたけど、私には無理だわ。「予定を立てずに、今この瞬間を生きる！」みたいなことって、怖くてできない。まあ、その辺も人それぞれかしら。私は安全・安心・着実がモットーだし。まあ、あと二ヶ月は、卒業旅行と社会人に向けての基礎スキルの向上に集中しよっと。

　最近は大学においても、卒業後の仕事選びや就職活動に対する動機付けに関するカリキュラムが用意されることが増えてきました。学生にとっても、先輩からの話やマスコミの流す情報に接して、就職活動の厳しさを学年を追うごとに強く認識することになります。中には、早めに目標を設定し、目指す業種や職種を絞り込んでいく学生も少なくありません。可能であれば、大学3年次の前半頃までにある程度の方向を定めて、夏休みにインターンシップを経験できると良いと思います。その結果を踏まえて、これまでの方針で進めるのか、

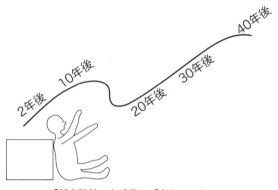

「将来設計」を手段に「考えること」

修正をするのかを判断して、就職活動につなげていけば良いと思います。しかし、中には、その時点でも明確に目標が定まらない学生が少なからずいると思います。また、自分の学力などから、希望する業種や職種ではややハードルが高いと感じることもあると思います。

　タイトルに「将来設計」と掲げましたので、何か立派な設計書をつくることを想定したかもしれませんが、この本の基本路線に則って「考える」ことに重きを置いて話を続けていきましょう。さて、何が手段で何が目的なのでしょうか？「考える」ことが手段で「将来設計」が目的なのか、「将来設計」が手段で「考える」ことが目的なのか。前者のように思う人がいるかもしれませんが、実は後者です。「考える」以外の手段が使えるならば前者でも良いのですが、それはあまりなさそうです。後者だとすると、自分の人生について「考える」ことが目的で、「将来設計」は手段の一つです。別にそれ以外のことやものを手段に使っても良いのです。肝心なのは、自分の人生について「考える」ことです。そうすると、「将来設計」も就職も手段の一つに過ぎないということです。そこのところをどうも、「大学を出たら就職しなければいけない」とか「将来設計をしてから就活をする必要がある」というように理解している人が多いように思います。もちろん、前述したように、目標が定まって行動が起こせる学生はそれで良いと思います。しかし、そうでないからといって、焦らせたり、早急な目標設定を迫ったりするのは問題があるということです。「考える」ためには、じっくりと時間をかけなければなりません。そのためには十分な情報を集める必要もありますし、人の話を聞いたり、議論をして自分の考えを整理したりすることも重要です。これらには相当な時間がかかります。大学時代とい

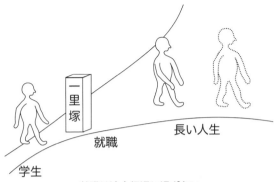
就職は途中経過に過ぎない

うのは、意外にも時間が多くあるものですので、それを是非このようなことをするための時間に優先的に割り当ててほしいと思います。本来の意味でのモラトリアムの使い方ではないでしょうか。

　就職しても以前のように終身雇用の時代ではなくなってきていますから、幾つかの会社や組織を変わりながらキャリアを形成していくことも今や多くなってきています。社会に出てから再び大学に戻って学びなおすこともあります。社会人に門を開く大学も出てきています。生涯の学びについては次章で述べますが、大学生は、大学での学びから卒業して社会に出てから働きながら成長していくまでの学びを、シームレスに捉えてみてほしいと思います。そうすると、就職というのが、節目の大きなイベントではなく、大学から社会に出る道の途中にあるものに過ぎないと捉えることができると思います。繰り返しますが、大事なのは、自分の人生について「考える」ことです。そうすると、大学のカリキュラムがなぜそうなっているのかが理解できます。決して、専門科目だけを学ぶようにはなっていません。前にも述べましたように、幅広い教養を身につけるためのカリキュラムが多数用意されています。これらは、社会に出てから役に立つということで選択するだけでなく、人間としての幅を広げるために不可欠なものなのです。しかし、残念ながら時間には限りがあります。ほんの導入の概論程度しか授業では学ぶことができません。そこで、その先は、自力で書物や体験を通して学んでいくのが良いと思います。そうして身につけたものが、一人ひとりの人間の深みや魅力を作っていくことになりますし、自ずとそれがその人の生き方を形作っていくと思います。「将来設計」は、そういう中の大学3年生くらいにつくるものの一つ（手段）ということです。

【コラム】どうやって職業を選ぶ？

　職業選びはなかなか難しいものです。インターンシップでいくつか体験するのがせいぜいで、それだけではなかなか仕事に対してイメージできないので、結局はこれまでの憧れや興味などから選ぶ人が多いようです。「航空産業に関係する仕事に就きたい」「人工衛星や宇宙機の開発に携わりたい」といった希望を持つ学生が筆者の周りにはたくさんいます。しかし、前者の場合は、そもそも航空産業というのは裾野まで含めるとかなり広範囲になり、さまざまな業種・職種があります。そこまで考えて、業種・職種を選んでいけば良いのですが、漠然と「子どもの頃から飛行機が好きだったから」というのでは、絞りきれません。後者の場合には、また別の問題があって、そもそもその産業の規模が小さく、そのような仕事に就ける人は極めて少数だということです。これは、競争率が高いという単純なことではなく、それなりに用意周到に準備をしていかないと実現しません。計画性と実行力など、第1章で述べたようなことを地道にやっていくしかありません。何れにしても絞りすぎると道を狭めてしまい、なかなかうまくいかない恐れがあります。

　業種も職種も固定してしまうと身動きが取れなくなるので、大学生の場合は、ある程度、広く業種を考えるのが良いと思います。職種については、向き不向きや得意分野もあるでしょうから、あまり変えようがないと思います。例えば、航空宇宙産業や自動車産業と言っても、最終製品をつくる企業から、構成品をつくる企業や、部品を供給する企業まで、あるいは商社や加工専門の会社など、実にさまざまな企業で成り立っています。その中で、自分はどのような企業に興味があるのかを考えてみてください。

　「好きなことを仕事にする」とか「憧れの仕事をする」という言い方をよく耳にします。これは、同じことでしょうか？　同じ場合もありますし、ひとによっては違う場合もあります。というのも、よくよく話を聞いてみると、「憧れ」と言ったときには、その仕事が好きなわけではなく、「他人から憧れられる」、「他人にすごいと言ってもらえる」仕事である場合が少なくないからです。具体的な仕事ではないですが、子供が「かっこいい仕事」をしたいというのに似ていますね。こういった「憧れ」と「好き」を区別するには、「自分が好きだと思っていることを、他人から褒められたり、

なにか言われなくても、時間をつくってでもやるか？」といったことを考えてみると良いでしょう。本当にこころからやりたいこと、好きなことならば、暇がなくても、時間をつくってやってしまっているものです。

　さて、好きなことを仕事にするならば、それに越したことはないと思うかもしれませんが、ここはじっくり考えて欲しいと思います。「どんなに辛いことでも好きなことなので頑張れる」「好きなことなので途中で投げたりしないでやり遂げられる」ということはわるいことではないのですが、自らの適性や能力を分析し理解していないと、ついつい無理が祟るということにもなりかねません。それで体を壊してしまっては元も子もありませんから、そこは冷静かつ客観的に自己分析をして欲しいと思います。好きであっても、得意でないと、人よりも多大な努力をする必要がある訳です。努力をするというのは簡単ですが、人の数倍以上の努力なんて現実的な時間ではできないことも多いものです。

　そういう訳で、好きなことよりも得意なこと（自分が能力を発揮できること）で仕事を選んだ方が良いと言う人もいます。しかし、「好きなこと」を挙げるのは簡単でも「得意なこと」を挙げるのはなかなか難しいと感じる人がいるかもしれません。その場合、「好きなこと」だけに集中するのではなく「得意なこと」を見つける、あるいは大学時代に「得意なこと」を増やしたり向上させることに力を注ぐことも必要でしょう。職業を選ぶということは、自分が得意とし能力が発揮できるところを見つけるという側面もあるわけです。このようなスタンスで就活をしていけば内定を取ることはさほど難しいことではないと思いますし、それに向けて何をすれば

好きなことが一番！　　　得意なことを身につけよう！

「好きなこと」に加えて「得意なこと」を

良いかも自ずと明らかになってくるでしょう。

　最後に、好きなことと得意なこと以外の視点がないか考えてみたいと思います。さて、好きなことと得意なことが同じであれば、それを仕事にすればよいでしょうか？　実は、そうでもありません。仕事は趣味と違って、仕事の成果に対してなにかしらの対価を得ることとなります。対価を得るためには、「その仕事が、社会にとって、人にとって価値があり、喜ばれることか？」ということが重要になるわけです。世の中にあるどんな仕事でも、対価を払ってくれる人がいるわけで、その人にとっては価値があるものなのです。そういう訳で、仕事を選択する上では、「好きなこと」、「得意なこと」に加えて、「価値があること」という三つが重要です。全てが一致する場合は良いのですが、実際はなかなかそうもいきません。ですので、自分なりに折り合いがつけられるところにバランスさせていくわけです。

例題2-6

　自分の「好きなこと」、「得意なこと」、「価値があること」を挙げてみましょう。職業を選ぶ上では、どれが一番優先順位が高いか、その理由も含めて考えてみましょう。

第 3 章
社会での活躍にむけて

　さて、今までは学生生活での学びについて見てきましたが、この章では、学生生活を終えた後、社会にでてからのことを見ていきましょう。みなさんが、活躍の場を会社や社会に移したときに、いったい何が変わって、何が重要になるのかを、少し時間を進めて、新入社員（もうおなじみの明日香さん、五郎君に加えて、同期入社の加奈子さん）の視点から考えていきたいと思います。

3.1　社会における学びとは？

> **【入社にむける思い】**
>
> **明日香**
> 　さあ、今日から社会人だ！　不安もあるけど、希望の部署に配属されそうだし、楽しみ。大学での専門分野と仕事内容もマッチしているから、多分大丈夫。それに、自分が関わった仕事で社会に貢献して、それでお給料が貰えるのだから、やりがいも感じられそう。即戦力としてがんばるぞ。
>
> **五郎**
> 　明日香は、少し気負いすぎじゃないか。世の中はそんなに甘くないよ。技術の移り変わりの激しい昨今、今の即戦力は、5年後のお払い箱になりかねない。同期はみんな優秀なやつばかりだし、ちゃんと仕事ができるのか、結構不安だな。

新入社員は、夢と希望と……不安もいっぱい

　さて、この新入社員の二人の会話、あなたならどちらに近いでしょうか？どちらの気持ちもわかるという人もいるかもしれません。明日香さんは、モチベーションは十分ですね。行動力もありそうです。一方で、やる気が空回りしないかは、少し心配です。一方、五郎君の方ですが、ちょっと悲観的過ぎる気もしますが、もっともな部分もありますね。でも、不安がっているだけでは、前には進みません。もう少しこの不安を掘り下げてみましょう。

　新入社員になったときには、長い学校生活を終えて、やっとこれで勉強とはお別れと思う人も少なくないと思います。確かに、社会に出ればこれまでのように教科書を使って教えてもらうという方法で勉強をする機会は、ふつうは少なくなります。定期的な試験もないので、試験やレポートに追われることは無くなります。一方で、成績の代わりに、業績という名の評価がついて回ります。また、勉強という形で教えられることはないので、教えてもらうことを待っているとなかなか成長できにくいということがあります。そうなると、五郎君の不安が現実のものとなってしまいますね。

　一方で、前章で述べたように、学ぶための力（＝脳力、すなわち脳が働く力のことです）を大学生のうちに身につけていれば恐れることはありません。これがあれば、一生「楽に」学び続けることができます。「楽に」というのは「自然に」という意味です。「自然」だから、どこでも、どのようなときでも学ぶことができます。その結果、この学ぶための力を持っている人は、仕事という場に限らずいろいろな経験を通して一生かけて成長し続けることができます。ゆっくりとでも成長し続けることができれば、長い目で見ると、高い目標を達成することができます。それは、自分の未来をより充実したものにしたり、幸せな人生を送ることにもつながっていきます。以下の節では、この学ぶ力が会社で、どのように活かされるかを見ていきたいと思います。

> **【配属一ヶ月後】**
>
> **明日香**
> 　今の部署に配属されて一ヶ月。意外と仕事がこなせなくて大変。OJT（On the Job Training: 仕事や実務を通じてやり方を身につける方法）の先輩には「筋はいいよ」って言ってもらえたんだけど、プログラミング技術もダメダメだし、英語のマニュアルもまだ良く読めない。今年1年は、このあたりの資格でもとることに専念した方が良いかしら？
>
> **加奈子**
> 　資格？　そんなのとったって何の役にも立たないわよ。それにこの会社、人を育てる気があるのかしら。ソフトウェアの使い方は、各自勝手にチュートリアルをやっとけとか、業務に必要な英語資料は自宅で読んどけとか。仕事に必要な技術習得をさせるのなら、ちゃんと残業代つけてもらいたいなあ。
>
> **五郎**
> 　そんなこと言っていると上司から睨まれるよ。プロなら必要なスキルは持っていて当然なのだし。その点、僕のOJT担当はすごいよ。スキルはもちろんのこと、まだ管理職でもないのに、上司の思考を先回りして、いろいろな立場での仕事の仕方を学んでいる。

学びは誰のため？　そして仕事は誰のため？

　さて、みなさんこの三人の会話を読んで、どう思いましたか？　大学を卒業すると、もうこれで嫌いな勉強をしなくて良いと思う人がいるかもしれません。しかし、新入社員の三人のように、大学を出ても勉強する運命が待ち受けています。これは、別に大学に限った話ではなく、高校でも中学でも同じことではあります。そもそも人間として生まれてきた以上は、一生をかけて成長していきます。会社に入って年々給料が上がっていくのも、その成長に対応してのことです。仕事の内容によって、成長がゆっくりで良いか、ある程度のスピード

を要求されるかは変わりますが、あなたが上司なら、やはり部下には成長を期待しますよね。

一方で、学校での勉強という学びが基礎的かつ網羅的だったのに対して、社会に出てからの勉強は、目的がはっきりしている場合が少なくありません。新入社員の三人が求められているように、好きとか嫌いとかいう以前に、必要に迫られてやらざるを得ない勉強です。これを楽しいと感じるか、苦しいと感じるかは人それぞれかもしれませんが、それをすることによるメリットが明確なため、ある意味ではやりやすいと思います。

仕事のやり方を覚えることも勉強の一環です。もし、あなたが新入社員に教える立場なら、単に指示されたとおりにやる新人より、自分なりに理解し吸収して、それを仕事の中で応用していく新人の方が頼もしいですよね。

次のようなことを学生時代に聞いたことがある人はいませんか？「教科書に書いてあること、先生の言うことを鵜呑み（鵜飼いの鵜が魚を丸呑みする様子）にせず、自分で考えて理解するという習慣をつけなさい。その方法が身につけば、これから新しいことに挑戦したり、思わぬできごとに遭遇したときに必ず役に立ちます」です。

そのときには、強く自覚することはなかったかもしれませんが、社会人になったときには、これこそが「新しい勉強法」になります。もう、試験も、レポート提出も、合否の判定もありません。こういう勉強なら楽しいと思えませんか？本当は学校での勉強もそうであるべきだったのかもしれません。でももう学生に戻ることはないので、気にすることはありません。自由に楽しく勉強すれば良いのです。家での勉強であれば、提出期限はありませんから、思う存分、言い方はわるいですが、ダラダラと勉強をしても良いのです。自分の時間の使い方ですから、誰からも文句を言われません。

ここで忘れてはならないことが一つあります。それは、社会人の場合は、普通は勉強することは「手段」になり、それを本来の「目的」に該当する仕事（あるいはそれ以上のものかもしれません）に活かす必要があるということです。必要があると言っても、そう固く考えることはありません。長い目で見て、活かせれば良いので、当面は活かせなくても気にすることはありません。しかし、だからと言って、単に知識を増やしたり、資格を取得することだけを目的に勉強することは、避けた方が良いでしょう。長期間で考えれば、無駄な勉強などはないと言っても間違いありませんが、「目的」を明確にせずに、知識を増や

すことは、着る予定のない服を買いあさることに似ています。

　一方で、目的を明確にした上で、新たに何かを学び始めようとするならば、現代は学ぶための教材にこと欠きません。社会人のための勉強法のような書物も多数出ているようですので、それらを読んで自分に合う方法を見つけても良いですし、全くの自己流でも構いません。むしろ、自己流で始めて、やりながら軌道修正をしていくことがいいと思います。最近は、ウェブサイト上にもさまざまなコンテンツが公開されていますから、それらを使うのも一案です。しかし、信頼が置けるかどうかは、複数の情報を手に入れて比較し、適切に判断する必要があることを忘れないでください。

　どのような仕事でも、それで報酬を得ていればプロと言えます。プロには、新米も中堅もいればベテランもいますが、それでもプロであることに違いはありません。通常の仕事では、それで報酬をもらうわけですから、勉強に関する部分は「対象外」です。時間外や余暇にやるのが普通でしょう。しかし、実際には明確な線引きは難しいものです。そのようなところから、加奈子さんみたいなぼやきも出てしまうこともあるでしょう。

　でも、勉強というのは本を読んだり、演習問題を解いたりすることだけではありません。仕事をしながらも、将来の糧となるように自分の中に蓄積してい

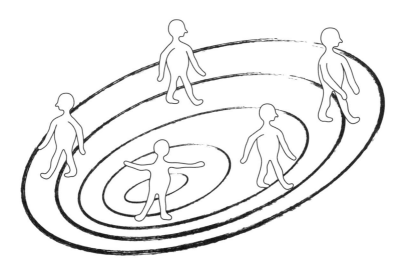

自由に楽しく勉強する

くものも、広い意味で勉強です。「学ぶ」という言い方にした方がしっくりくるかもしれません。およそどのような仕事をしても、この「学ぶ」という態度で臨めば、人は仕事を通して成長し続けることができます。最初の方で述べてきた、仕事のための勉強とは全く異なる概念です。どちらも大事ですが、特に、この仕事を通して学ぶということを強く意識して欲しいと思います。同じような仕事をしていても、成長できる人とあまり成長できない人というのは、実は外から見ていてよくわかるのです。勉強を「学ぶ」に変えて、ぜひ、学びのプロになって欲しいと思います。

　「仕事を通して学ぶ」という意味はわかっても、「いったい何をどうやって学べば良いのか？　漠然としているというか、とらえどころがないというのか、困ってしまう」という人もいるでしょう。また、一言で「学ぶ」と言っても、人それぞれです。でも他人と比べる必要はありません。自分が少しでも成長できれば、また違った考え方や見方ができるようになれば、それで十分に学んでいるのです。以下で、すこし身近な例で考えてみましょう。

例題 3-1
　　(1) 新人研修後に、「業務に必要な○と△の資格を 3 年以内にとるように」と言われました。資格取得のために、ネットや書籍の教材で学ぶ以外に、あなたならどう取り組みますか？
　　(2) OJT 担当から、お客さんに提出する企画書をつくれと言われて、作ってい

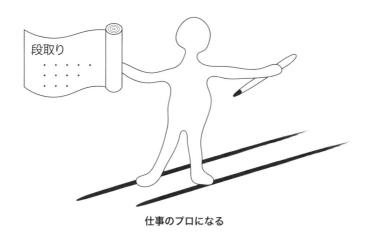

仕事のプロになる

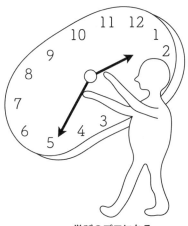

学びのプロになる

たところ、金曜日の夕方に「月曜日が締め切りなのにまだできないの？」と怒られました。「締め切りなんて聞いていません」と言うのは簡単ですが、そのような返答が期待されていないことは明らかです。さあどうしたらよいでしょうか。また、このような状況から何が学べるでしょうか。

(3) 営業成績が一番良い先輩に秘訣を聞いてその通りにしているのですが、どうも営業成績が伸びません。何か根本的なところで間違っている気もします。どう対応したらよいでしょうか。また、このような状況から何が学べるでしょうか。

【入社後1年が経って】

加奈子

　憧れて入った会社だし、最先端製品に携われていることに、最初はやりがいを感じていたけど、なんだか飽きてきたわ。結局、毎日、同じことの繰り返しだし。仕事のやり方には十分慣れたし、私は先輩よりも仕事ができると思う。

五郎

　加奈子は単純な仕事がきらいだね。そういえば、学生のときに研究室の先生に言われたなぁ。「研究を楽しくできないのは対象がわるいんじゃない。取り組み方がわるいんだ。紙一枚の研究だって取り組み方次第じゃとても面白くなる」って。ちょっと仕事のやり方を考えてみたらどうかな。

明日香

　私は、むしろ単純な仕事がうらやましいわ。私の部署って、新規開発だから、失敗が多くてなかなか成果が出ないの。先輩もどこに向かうのが良いかが、明確にはわかってないみたい。私自身成長できているかも最近不安になってきた。

やりがいと学び

　入社後1年も経つと、少し仕事に慣れてきて、今度は「仕事にやりがいはあるか？」ということを意識するようになってきます。あらためてこの「やりがい」ということの意味を考えてみると、人によって感じ方が微妙に異なることに気がつきます。接客業などでは、お客の反応でやりがいを感じるでしょうし、会社や組織から数値目標が与えられている場合は、その数値をクリアすることでやりがいを感じるでしょう。仕事は必ずスケジュールを立てて行いますので、予定通りに進めば当たり前のこととはいえ、やりがいを感じます。もっと単純に、1日汗を流して仕事を終えれば、誰でもいくばくかのやりがいを感じると思います。しかし、共通しているのは、あらかじめ自分の中で想像して

いる目標イメージがあって、達成された仕事がそれと近いか遠いかでやりがいの感じ方が変わるということです。

　多分、加奈子さんは、難しい仕事をやるということにやりがいを感じていて、一見、単純で簡単に見える仕事に情熱が傾けられないのではないでしょうか？一方で、明日香さんは、抱えている仕事が難しすぎて、日々の達成された成果の実感が持てずにいるようです。五郎君のいう「取り組み方」や「仕事のやり方」というのは、この日々の目標をどう設定するかということにあたります。

　たとえば、加奈子さんの例のような単純で簡単に見える仕事に対しても、より多く仕事をこなすといった小さな目標を立てて、日々仕事の効率化を検討するといったことをしてもよいでしょう。その中で効率を上げる方法が見つかれば、上司にも喜ばれるでしょうし、業務改善につながります。これは決して単純ではない、高度な仕事です。

　五郎君の先生が言ったように、単純かそうでないかは、その仕事のやり方によります。そして、人は、やった仕事で成長するのではなく、どのように仕事をしたかで成長するのです。つまり、「単純な作業」は、単純にやったときと、考えながらやったときでは、できたものは同じでも、それぞれの人にもたらす影響（つまり成長の度合い）が異なるということです。

　一方で、明日香さんのような場合であれば、逆に単純な作業や目標を入れ込むと良いでしょう。新規開発といった「知的な頭脳労働」は、時間が読めずいつまでも終わりがないものです。失敗が続いたりすると、モチベーションを維持し続けるのも難しいものです。そこで、うまく達成しやすい「単純な作業」を組み合わせると、ここで達成感が得られます。大学での研究生活において、着想を得る時間とスキルを磨く勉強を組み合わせるのと同じです。

　そういう訳で、「知的な頭脳労働」と「単純な作業」をうまく自分の中でマネージメントできると良いと思います。「単純な作業」の中で達成感を得つつ、そこで得た活力で「知的な頭脳労働」をするといったように繰り返します。これは、仕事にメリハリがあるということの、普通とは違った解釈といえると思います。

例題 3-2

　日常生活の中で、「単純作業」で良い部分と、「創意工夫」を必要とする部分に分けてみてください。バランスはどうでしょうか？　「単純作業」が多い人は、単純作業における「創意工夫」を考えてみてください。

> 【続　入社後１年が経って】
>
> **加奈子**
>
> 　五郎はやり方の問題かもって言うけど、上司も問題だわ。逐一各自にノルマを決めて、達成したかどうかをチェックするの。仕事の達成目標がハッキリしているのはいいけど、息が詰まるわ。
>
> **明日香**
>
> 　それは確かにつらいわね。うちは、そういった細かいノルマはないからその分では楽かも。仕事も先輩や上司の言うとおりすれば、怒られることはないし。ただ、指示にしたがって試作品を作っても、いい結果が出なかったりするから、その辺がつらいのよね。
>
> **五郎**
>
> 　そっかぁ。部署によって、ずいぶん違うね。うちは完全に独立して仕事を任されている。ただ、浮くも沈むも自分次第かな。

　さて、加奈子さんの例では、上司の管理がきつすぎて、仕事がやりにくくなっているようですね。なにごとにおいても「わかりやすさ」は大切です。しかし、「わかりすぎる」と差し障りがある場合は、ほどよく「わかりにくく」しておくことも実際には多いものです。別に騙しているわけではないのでしょうが、円滑に気持ちよく仕事をする上では、必要な潤滑油かもしれません。また、組織で行う仕事では、それぞれが役割分担をして進めますので、自分の役割を理解していることは重要です。しかし、だれかがうまく統率している場合はうまくいきますが、逆にその人の判断に強く依存するという危険な面も持っています。うまく仕事分担が管理できなかったときには、抜けが生じてしまって全体としてうまくいかないこともあります。ピラミッド型の組織が、これに近いことになります。

　これに対して、分散型に近い組織では、一人ひとりが一定の責任と判断の権限をもってやります。五郎君の例がこれに近いでしょう。個人に任される裁量

が大きいですから、自立した人を育てる上でも有効な方法になります。でも、完全に放任されるとちょっと不安になる気持ちもあるとは思います。わかりやすい目標や上司からのフィードバックがあると、ある意味安心ですね。ただし、明日香さんのように、先輩や上司のいうとおりにしても、浮かばれない場合もあります。なかなか難しいですね。

　仕事を続けるうえで大事なことは、満足感・達成感を得るのに他力本願だけではいけないということです。相手の顔色を伺いながら仕事をするようになってしまいます。これはかなり難しいことかもしれませんが、仕事に感情を持ち込むべきではないということです。相手によらず自分の心理状況によらず、常にコンスタントに質の良い仕事をしていく。それが、仕事をする上で大事なことでありプロフェッショナルであるための最低限の条件です。

　よく仕事で「疲れた」「苦労した」「努力した」というような言葉を聞きます。それが美談的に取り上げられることもあります。「感動した」などはその最たるものでしょう。しかし、本当にすぐれた仕事は、こういうことばとは無縁のところにあるものです。むかし、ある本で、オーケストラの指揮者の三つのタイプ（だったか？）というのを読んだことがあります。(1) 指揮者が興奮しオーケストラの団員も興奮し熱演をするタイプ、(2) 指揮者は興奮して棒をふるけどオーケストラの団員はなかなかのってこないタイプ、(3) 指揮者は静かに棒をふっているだけなのに、オーケストラは熱演し聴衆に感動を与えるタイプ、だったと思います。仕事の場面で見回してみても、(1) は普通に多いでしょう。(2) もまずいことにいくつか思い当たります。(3) は理想的でしょうが、なかなかいません。しかし、この (3) を目指したいですね。そうすると、静かに滞りなく仕事が進捗します。

3.2 仕事における問題解決

> **【仕事を任されるということ】**
>
> **明日香**
>   この間、ようやく係長から新しい製品企画を一から考えてみないかって言われたの。入社以来の私の努力が少しは認められてきたって感じかしら。でも、なにごともはじめが肝心。任せてくれた係長を失望させないためにも、じっくり良いものを作り上げるわ。
>
> **五郎**
>   おお、すごい、さすがだね。でも、あんまり気負い過ぎるのも良くないよ。確か、それってクリスマスに向けた企画だよね。スケジュールもタイトだし、適当なところで先輩や係長に相談した方が良いよ。
>
> **加奈子**
>   でも、企画案の成立性がまだよく見えない段階で上司に話をすると、いろいろと横槍が入ってうまくいかないことも多いわ。任された以上は、責任持って自分で納得できるまで仕上げたものを提出するべきじゃないかしら。

仕事の効率と生産性

　明日香さん、がんばっていますね。実際に仕事に慣れてくると、徐々に具体的な指示を伴わない、高度な判断や思考が必要となる仕事を任され始めます。そのような自由度の高い仕事をはじめて任されたとき、みなさんはどうしますか？　明日香さんや、加奈子さんのようにきっちり仕上げたアウトプットを出そうとしますか？　または、五郎君のように適当なところで、相談しにいくでしょうか？　いちいち相談に行くなんてめんどうくさいと考える人も居るでしょう。実際この辺は、周辺の状況にもよるので、なかなか難しい話になります。ただ、通常、新人に仕事を任せるとはいっても、任せっきり、場合によっては失敗しても良いなんてことはありません。ですので、はじめて任された大きな仕事の場合は、手直しができるタイミングで、仮の企画でも相談することが重

要でしょう。その一方で、折角任されたのですから、ある程度は企画案を形にして相談に行きたいものですよね。上司に報告するアウトプットの質をどの程度のものにし、どのタイミングで行うかということは、非常に重要なことです。

　仕事に限らず「質」の議論は難しいものです。質を高めることの重要性はわかっていても、抽象的な議論に終始しがちです。また、質を高めるために、あまりにも多くの時間を割くというのも考えものです。効率優先の弊害が語られたりするご時世ですが、一方では効率がわるい業務のやり方が会社や組織の運営を圧迫することも稀ではありません。ここだけで結論が述べられるようなことではないのですが、ある程度は応用が利きそうな話をしてみましょう。

　質を考える上では、それは、その仕事が与える影響や未来までを視野に入れて、少し先を見てどの程度の質をキープするのかを判断するということです。取引額が大変大きく、あとで取り返しがつかないような結果を招く恐れがあれば、初期段階で多少の効率は犠牲にする場合もあるかもしれません。たとえば、企画案がうまくまとまらず、締め切り間際になって、その報告をされたら、あなたが上司ならどう思いますか？　それよりも初期の検討段階で、時間はかかりますがマメに上司と議論を重ねて方針を固めておく方が良いと思いませんか？　一方で、任された仕事の自由度や他に与える影響がそれほど大きくもなく、従来の企画の改良といったことであれば、それなりに案を仕上げて持って行く方が良いでしょう。

　このように見ていくと、仕事をする上では、まず任された仕事の狙いや制約などの情報を適切に集めて、仕事の進め方、質の高め方を考える必要がありそうですね。どこかで聞いたような話ではないですか？　気づいた人も多いと思いますが、この本の1.2節や2.2節で述べられている問題解決の方法と同じです。まずは、ゴールとスタートをちゃんと把握し、道筋を計画するということです。このように、仕事を進める上でも、適切な計画が必要です。

　少し、日常生活でもトレーニングをしてみましょう。たとえば、人と待ち合わせをするという場合です。何時に家を出て、どういうルートで行くかということです。とにかく遅れるのは嫌で、いつも予定よりもだいぶ前に到着する人もいますが、いつも時間間際、または遅れてバタバタと駆けつける人もいます。仕事のやり方に当てはめてみると、前者は効率がわるいやり方の典型ですし、後者はいつも期限に遅れる迷惑な人ということになります。当然、この間に普通に要領を得た人が存在します。就活の面接の場面であれば、十分な余裕

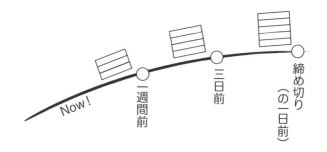

遅れないようにする方法

を持って出発し、早めに着いてカフェで一休みしてから行くでしょうし、通常の出勤であれば遅れないにしても、ほぼ定刻の少し前に着くように行くでしょう。仮に電車が遅れても、交通機関の遅れといえば済む場合が少なくありません。学生であれば、試験のときや、卒業論文の提出などのときは、多少の交通機関の遅れでも問題がないように、余裕を持って行動しますが、日々の授業であればあまり余裕は持たないで家を出るでしょう。

　それでも人によって余裕の持ち方は千差万別です。心配性の人は多めに余裕を持ちますし、楽天的な人はぎりぎりで行動しがちです。ただし、場合により臨機応変に心配性と楽天的を使い分けることができるようになれると良いと思います。

> **【任された仕事のその後】**
>
> **明日香**
> 　製品企画を初めて2ヶ月も経つのに、まだいいアイデアが浮かばないわ。このままじゃ、係長を失望させちゃう。昨日も深夜まで、マーケティングリサーチしたり、がんばっているつもりなんだけど。あぁ、やんなっちゃう。朝起きて、会社に行くのがだんだん憂鬱になってきたわ。
>
> **五郎**
> 　確かに、最近顔色わるいね。少し休んだ方がいいと思うよ。体調がわるいといいアイデアも浮かばないし。

仕事のメリハリに対する考え方（計画力と実行力）

　よく聞く言葉に、「勉強と遊びにメリハリをつけて」「仕事と遊びにメリハリをつけて」というのがあります。ここでの「遊び」とはいわゆるリフレッシュ、気分転換です。やることが決まっているような短期間の勉強や仕事ならばこの単純なメリハリで良いと思います。学生であれば数週間後にひかえたレポートの提出や定期試験、社会人であればやはり数週間後が期限のクライアントへの報告書の提出などがこれに該当すると思います。やることがほぼ決まっているので、あとはいかに作業の能率を上げるかでしょう。もっとも、このようなことはこどもの頃から言われてきたことで、ことさらここでいうほどのことではないでしょう。

　難しいのは長期間にわたる勉強や仕事です。たとえば、受験勉強だったり、仕事でも数ヶ月以上にわたるような長期プロジェクトです。仕事では、1年以上数年にもわたるものが珍しくありません。これらは、前述したような、単純なメリハリだけでは達成することが困難です。何が困難にさせているのかを見ていきましょう。

　人間はとかく直近のものに目が行きがちで、あまり長いスパンでものごとを考えることが苦手です。それはなぜなのでしょう。モチベーションを維持し続けることが苦手なのか、そのときの満足感で終わってしまうのか、意識的に目をそらそうという逃避癖があるのか、自分の場合にあてはめて考えてみてくだ

さい。少なくとも、その日1日何もしなかったからと言って、全体に大きな影響は生じません。それが二日や三日になっても大差はないでしょう。長期計画とはそのようなものです。風邪をひいて数日休むくらいのことは誰でも普通にあることですから、これは当然なことです。しかし、ここに重大なハードルがあります。そのあとで、リスタートが順調にできる人は超えられるハードルですが、そうでない人ではここでつまずきます。しかも困ったことに、つまずいたことに気がつきません。いや、気がついているのかもしれませんが、気がついていると思いたくないのかもしれません。まずいことは連鎖します。時間が経過していきます。そして、もはや修復できないほどの遅れになります。こうなっては手遅れですから、そうならないように日頃から意識していくことが大切です。少しイメージトレーニングをしてみましょう。

　山登りを想像してみてください。山道を10kgくらいの荷物を背負い、歩き続けます。朝から昼過ぎまでおよそ6時間ほどでしょうか。歩いていると汗をかきますし、疲れてきます。荷物を降ろして倒れた木に腰を下ろして休みたくなります。水を飲んだり、少し甘いものを口に入れて元気を出したいと思います。さて、どのくらいの時間休憩するでしょうか。また、水はどのくらい飲み、何を食べるでしょうか。慣れていない人は、休憩時間が長くなりがちです。また、喉が渇いているのでつい水も飲みすぎます。その結果、汗が蒸発するときに体温を奪い、またとりすぎた水分は汗を増やします。こうして体温調整が難しくなっていき、疲れが増していきます。それに、自然相手の場合は、いつでも安全に休憩が取れる場所があるとは限りません。危険な岩場や雪渓が続くこともあります。また、天候も変わりやすく、まさか雷雨の中でのんびりと休んでいるわけにはいきません。疲れたからと言っても休むことができない場合があります。

　見方を変えてみましょう。疲れたから休もうとするのがいけないわけで、そこを切り離せば良いのです。歩くペースは、仮に休まなくても歩き続けられるようにします。これは非常にゆっくりしたペースです。初めて山に連れて行ってもらった人は驚くほど遅いペースです。ただし、止まらずに歩き続けられるペースを作ることは大切です。時間はかかるけれども確実に目標に近づきます。また、呼吸も汗の量もいい具合に安定します。重ね着している服の枚数を調整して汗を蒸発させていきます。こうしていくと実は、「余裕」が生まれます。余裕は人間の思考する範囲を拡大します。足元の安全や落石への配慮が行き渡

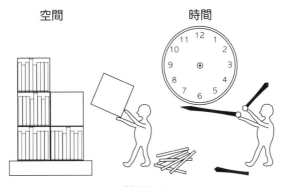

余裕をつくる

るようになります。稜線に出て見晴らしが良ければ「遠い先を見る」余裕が生まれます。これは非常に重要なことなのです。息を切らして足元ばかりを見て歩いていては、気がつかないことばかりです。

　長期的な勉強や仕事への取り組みにも同じことが言えると思います。やり続けられるペースを作ることです。短期的にはメリハリでも良いかもしれませんが、長期的には、このような少しずつでも進捗し続ける工夫が必要です。ここでのキーワードを覚えておいてください。まず「余裕」です。「余裕を持つ」のではなく、「余裕をつくる」ということです。そうすれば、先が見えてきます。見えなかったものが次第に見えてきます。実はこれが目的だったのです。見えなかったものが見えるようになること、それが進歩ですし、そのために人は山に登り、勉強や仕事に邁進するのです。

【トラブル発生】

五郎
　明日香さん、あわててどうしたの？

明日香
　五郎君、ちょうどいいところに来たわ。明日が新製品のお披露目イベントなのに、荷物の搬送先を間違って、イベント会場じゃなくてうちの会社にしてしまったらしいの。

五郎
　そりゃ大変だ。僕に、何か手伝えることはあるかな？

明日香
　ありがとう。搬入は余裕を見て２時間前に設定しているって聞いたの。会場と会社はそんなに離れていないから、ここで受け取ってから会社のトラックで会場に運べば間に合うとは思うわ。社用のトラック手配は、管理部がまだ居るはずだから、五郎君の方でしてもらえないかしら？　私は、他の必要な関係者に連絡をとるから。この手でうまくいかない場合は、少し頭を冷やして、代案を考えるわ。最悪でも、少しの時間遅れで対応できるし、まあどうにかなるし、どうにかするっ！

五郎
　了解。じゃ、結果がでたらすぐに連絡するね。

修羅場で問われる総合力

　明日香さん、急なトラブルに対しても冷静に情報を整理し、解を見つけようとがんばっていますね。入社当初と比べて、ずいぶんとしっかりしてきたように見えます。

　さて、就活の採用で企業側が重視していることの一つに、「一緒に困難を乗り切ってくれる仲間になってくれるか」があると言われています。それは、「元気がある」とか「周囲に打ち解けやすい」「リーダーシップが発揮できる」といった単純なことではありません。これを勘違いしていると、クラブ活動やア

ルバイトの実績ばかりをアピールして、的を外した受け答えになってしまいます。その人が持っている真の強さを相手に感じてもらう、理解してもらう、これこそが絶大な力を持っています。そのためには、体験や経験を誇張したアピールやウケを狙った姑息な演出は、むしろ逆効果です。その人がこれまでに学び（もちろん学校の勉強だけではない）を通して培ってきた総合的な人間力です。芯が強いと思われる人間であれば、必ず社会から必要とされます。口先上手よりも口下手なほうが有利な場合も少なくありません。遠くない将来、企業が困難に直面したときに、その困難に挑戦できる人を企業は探し求めています。もっとも、当然ながら採用する側の能力も求められますので、本当に必要とされる人を探し出すのは実はかなり難しいことにもなります。

　採用される学生さんにとっても就職活動は大変ですが、企業にとっても、採用のための業務は大きな負担です。インターンシップや数多くの面接での採用試験は、より良い人を選ぶためには必要ですが、人手も費用もかかります。なるべく少ない労力と予算で、その企業が欲しいと思う人を確実に採用したいという気持ちもわかりませんか？

例題 3-3
　(1) さて、もしみなさんが明日香さんのようにトラブル時にも冷静に問題解決に動ける力を身につけたいと思ったら、日々の生活でどのようなことに気をつけますか？［理論の構築］

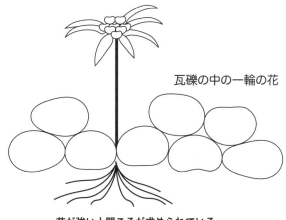

瓦礫の中の一輪の花

芯が強い人間こそが求められている

(2) 上の理論を検証するために、実際に実行してみましょう。[検証]
(3) 前述のようなトラブル時にも、冷静に問題解決に動ける力をもった人を面接で選ぶには、どのような質問をしますか？　[活用]

3.3　仕事でのコミュニケーション

> 【的確な報告とは？】
>
> **明日香**
> 　加奈子、今年は部署替えを希望しているみたい。多分、上司からいちいち報告を求められるのが嫌だったことも理由の一つじゃないかな。
>
> **五郎**
> 　まあ、わかる部分もあるけど、難しいね。僕自身は、「報告は求められる前にやるべし」って思っているよ。だけど、管理したい病の上司もいるし、さじ加減があるよね。ただ、仕事は個人プレーじゃすまない部分も多いから、自分の仕事が全体の中でどういう位置づけかを考えると、おのずととるべきコミュニケーションが見えてくるかな。

報告、連絡、相談

　五郎君が言うように、一人で行う仕事というのはあまりありません。人数の多少に違いはあるものの、グループで行うことがほとんどですし、依頼された仕事であればクライアントが報告する相手になります。一つの仕事を分担して行うこともあれば、ある程度のまとまった仕事を任されて行う場合もあり、それらは千差万別ですが、昔からコミュニケーションの基本としてホウレンソウ（報告・連絡・相談）の大切さが言われてきました。これについては、いろいろなところで述べられていますが、強いて枕詞をつけて言えば、的確な報告、確実な連絡、早めの相談、でしょうか。

　「的確な報告」の「的確」というのは、読んで字のごとくで「的を外さない」ということです。ここでいう的は、言うまでもなく「内容」と「期限」です。時々、「期限」だけしか認識していない人がいますが、心して気をつけましょう。つ

「早い」か「遅い」か

いでに言うと、「内容」を外さないようにするには「時間」が必要です。となると、一言で「報告」というけれども、「段取り」がきわめて重要ということになります。

「確実な連絡」の「確実」というのも、一見簡単そうで難しいものです。冗長でよければリマインダーを連発すれば良いのですが、ビジネスの場面では顰蹙を買います。しかし、手短に、要点を確実に、しかも早く伝えることが基本です。これは、日頃から鍛錬するに越したことはありません。一つコツをお伝えすると、プライベートな場面とビジネスな場面でわけずに、すべてにおいてビジネス的に確実な連絡方法を確立する方が楽だと思います。プライベートな場面であっても、重要な連絡はビジネスに劣らず重要なものです。現代では電子メールを使った確実な伝達手法を身につけるのが先決でしょう。

「早めの相談」の「早め」というのも難しいですね。何が早めなのか？　自分は早めだと思って相談したら「遅い」と叱られたことはありませんか。実は、これはコミュニケーションの問題だったのです。気がつきましたか？　あなたが早いか遅いかと思うことはどうでも良いのです。相談する相手にとって、そのタイミングが早いか遅いかに対する想像力がないといけません。この相手に対する想像力は、コミュニケーション能力の基本です。

このホウレンソウは、報告・連絡・相談ですから、何となく一方通行のような印象がありますが、アクションを起こした先があります。当然、相手のレス

ポンスがあるわけですから、ホウレンソウはきっかけに過ぎません。相手のレスポンスをもとに、議論になったり、グループで調整したりと進んでいきます。しかし、きっかけに過ぎないからといって、ここで手を抜いてはいけません。この後の無用な時間や労力をできる限り少なくするために、考え抜いたホウレンソウを心掛けましょう。

つながりの中での仕事と仕事の質

　社会における人とのつながりは多種多様です。会社であれば、同期の仲間といった横のつながりもあれば、上司と部下といった縦のつながりに加えて、たばこ部屋（喫煙室のことです）での斜めのつながりといったものもあるかもしれません。このようなつながりは、仕事をする上で大変重要です。なぜならば、自給自足の生活でなければ、通常仕事という労働は、自分ではない誰か他の人のためのものだからです。相手がいることですから、レポートのときと同じように、相手を意識する必要があります。仕事のアウトプットを受け取る相手が満足してくれると、「良い仕事をしたな」という気持ちになりませんか？「個人」が行う質の高い仕事は、「全体」での仕事の負担を、ときに大幅に軽減してくれます。逆もまたしかりです。以下では、この質の高い仕事をするためには、何が必要かをみていきたいと思います。

　初めに「質」というものを考えてみましょう。製品を例にすると、「高品質の製品とは、それが想定されているように、振る舞うものである」と定義されます。平たくいうと、期待通りであることなのです。では、期待通りの製品を実現するには何が必要でしょうか。まず、期待を明確にしなければいけません。これは、適切な要求が定義されていることに対応します。要は、求めているものがわからないと、良い製品は作れないということです。次に、良い製品を実現するには、何が必要かというと、適切な設計、製造、変更管理です。ここまで聞くと、第 1 章を思い出しませんか？　そうです。実は同じなのです。要求を決めることが STEP 1、設計が STEP 2、実行が STEP 3、変更管理が STEP 4 です。効果的な学び方と良い製品作りの枠組は、実は共通なのです。製品を仕事に置き換えても同様なことが言えます。

　まず、仕事の内容を適切に決める必要があります。これが STEP 1 です。ここがうまくいかないと、あとで「言っただろ」「聞いてない」の水掛け論や、「それは自分の仕事ではありません」といった会話につながってしまいます。部下

の立場であれば、言われた仕事を唯々諾々とやるだけでなく、相手の要求をうまく引き出して、仕事を定義することが肝要なわけです。逆に、上司の立場であれば、部下がちゃんと要求を理解しているかを確かめながら、要求を伝える必要があるわけです。このように、視点や視野を変えて考えていくことで、要求が適切かつ網羅的なものになっていきます。この要求定義は、もちろん論理的に実施することも必要ですが、実社会ではいかに円滑に行うかということで、コミュニケーション能力も重要になってきます。

　次に、STEP 2の仕事の手順の策定です。何をいつまでに誰がどうやるかを決めていくことにあたります。自分一人でやる場合でも、どういう順番で、何をどうやるのかを決める必要があるわけです。計画立案においては、完成度と投入するリソース（時間、コストなど）とのバランスをみながら決断していく必要があります。学生の間は、完成度を上げることに対して要求が終始しがちですが、社会では、完成度が高くともコストや時間の過剰な増大は避ける必要があります。さて、計画が決まれば、あとは、STEP 3の実行です。STEP 3におけるモチベーション維持にも、コミュニケーションは重要な役割を果たしています。仲間とうまくやりつつ、自分のがんばりにつなげられると良いでしょう。

　さて、実際の仕事をしていると、状況が日々変わっていき、それに応じて要求が変化することもよくあります。そのためにあるのがSTEP 4の変更管理です。高い品質の仕事を実現するには、これらの各段階を、会社という組織全体、部や課のチーム、個人といったそれぞれのくくりでうまく回していく必要があるわけです。うまく回していくためには、個人がよいアウトプットをつくりあげていくことも重要ですが、つながりの中での仕事の質を向上させていくためには、前述のホウレンソウ（報告、連絡、相談）も重要です。要求を出している上司や、自分の仕事の成果を受け取る同僚などへの適切な報告、連絡、相談は、STEP 4における適切な変更管理にもつながるからです。

例題 3-4
　　仕事の質の向上という観点で考えて、以下のメールを手直しして見てください。メールを受け取った人が、次の作業をすることを考えてみると、改善点が見えてくると思います。

【メール 1】
　　Subject: 仕事について
　　From: 部下
　　To：上司
　　明日が締め切りの治具の設計ですが、まだできておらず、おそらく今日中には仕上がりません。申し訳ありません。参考までに現在までの設計結果を添付しておきます。ご査収ください。

【メール 2】
　　Subject: 物品の購入について
　　From: 経理担当者
　　To：課全員
　　物品の購入手続きが変更になります。新しい様式を、社内向けの経理課のウェブに上げてありますので、こちらをご利用ください。

【コラム】最先端の宇宙関連の現場から（A/I リスト）

アクションアイテムリストとリマインダーアプリ

　仕事をする上で欠かせないものに、参加するメンバーでの意思疎通があります。分担を決め、スケジュールをつくり、その進捗を管理するということが行われます。そのために、会議や報告会などが開催されます。宇宙関連の開発プロジェクトでは、このような席上で、進捗管理をするものに「アクションアイテムリスト」というのがあります。略して A/I と呼んでいます。他の分野でも多分同じようなことをやっていると思います。これは、「誰が」「何を」「いつまでに」というのを一覧表にしたものです。設定した日付と完了した日付も記入されます。宿題リストみたいなもので、誰の宿題が滞っているのか一目瞭然です。別にその担当者の仕事を管理するということではなく、何がまだ終わっていないのか、どこに問題があるのかを明文化しておくことが目的です。いつまでも完了できないような場合には、さらに検討して再設定をすることもあります。避けるべきは、「忘れていた」「見逃していた」「気がつかなかった」といった事態です。

　どのような仕事においても、さまざまな問題が発生します。特に、それが新規開発要素が多かったり、特注品であるために熟成した技術が使いにくい場合には、予期しない問題が数多く発生します。このような問題を、一つずつ丁寧に解決していくことが宇宙関連の現場では常に求められてい

ます。そのときに、留意されていることが問題の早期発見であり、それを組織的にマネージメントすることが広く行われているのです。このために使われるのが「アクションアイテムリスト」ですが、その必要性は「問題の早期発見」にあります。これはきわめて重要なことで、早く発見できれば対処するのに十分な時間が確保できるということです。時間は重要です。新たに部品を調達するにも手直しをするにも時間がかかります。後になればなるほど「時間切れ」になってしまいます。

　このようなやり方を、自分が行う勉強や仕事にも導入することは可能です。そう言うと、多分多くの人がすでにやっていると思いますが、スマートフォンやタブレット端末の「リマインダー」などのアプリです。「誰が」に相当する部分は自分だけなので除外して、「何を」「いつまでに」を細かに入れていくと良いでしょう。ポイントは、重要かそうでないかを判断しないで、とにかく気がついたこと、思いついたことを片っ端から入れていくことです。必要に応じてカテゴリーを分類しておけば良いでしょう。終わったら完了のマークを入れるだけです。これを続けていると、入れるたびに「さあやるぞ」という気持ちになり、完了すると「終わった！」という気持ちになり、一つの項目で二度満足感が得られます。時間とともに必要がなくなったものは削除してしまえば良いし、削除できないけれどもいつまでも残っているものは、少しアプローチを変えてみるか、作業をブレークダウンしてやりやすいようにしておくと良いでしょう。これを予定表（スケジュール）と併用すると、「忘れた」「見逃した」「気がつかなかった」といった事態を避けることができるでしょう。

3.4 あなたが創る未来の社会

【入社3年目の新たな展開】

五郎
　最近ようやく自分の仕事が手中に収まったって感じがするよ。自分の仕事以外にも気を配れるようになってきて、初めて気付いたんだけど、最近うちの会社も経営の新しい柱になるような新規分野に進出し始めているね。

明日香
　そうみたいね。うちは、確かに主力製品の世界シェアはダントツの1位だけど、今後の展開を考えて、これまでとは違う分野にも切り込もうとしているみたい。中途採用を増やすと同時に、コア技術をもった会社の買収も視野に入れているようよ。

五郎
　もし、そっちが会社の主業務になってきたら、今いる僕たちのような社員はどうしたらよいのかな？

　仕事に限らずほとんどの人間関係はギブ・アンド・テイクで成り立っています。人間だけではなく多くの生物でこのような関係が見られます。花にきて蜜をもらう代わりに受粉に協力するハチや、クロオオアリの巣の中で餌をもらう見返りに甘い汁をアリに提供するクロシジミの幼虫など、他にもたくさんいます。これを「共生」や「共存」という言葉で説明することがありますし、それらには必ずしもギブ・アンド・テイクではなく、イソギンチャクに身を守ってもらうクマノミのように一方的な依存関係も少なくありません。自然界では、生存に有利になるように進化の過程でこのような習性を獲得してきています。

　一方人間は、何がギブで何がテイクだとか、貸し借りがどうとかにこだわります。もちろんこれは、ある意味では仕方がないことかもしれませんが、もう少し自然にふるまってもいいと思います。自分を押し殺してまでも会社や組織に忠実であろうとする、そういう姿勢はかなり不自然に見えます。しかし、かつてはそのような行動を美談として讃える風潮が一部でありました。これから

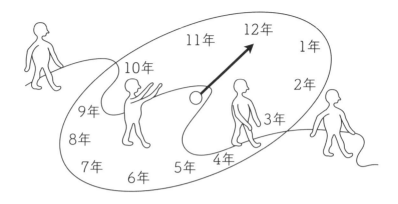

持続できる仕事のやり方

の時代は、きちんと権利は行使するけれども、責任をもって義務を果たすということが自然に行えると良いと思います。そうでないと、短期的には仕事が続いても長期間は持ちません。この持続できる仕事のやり方を確立することが非常に大切だと思います。

　持続できる仕事のやり方について少し考えてみましょう。直前の締め切りをなんとかみんなでがんばって乗り切るというやり方をする場合も少なくありません。しかし、不思議なことに、最初からそのようなやり方で計画を立てる人はまずいません。トラブルが生じたり周囲状況が変わったりして、止むを得ずそのようになってしまったというのが真相です。それでも、仕事は完遂しなければなりませんから、このようなせっぱつまった局面で力が発揮できる人は貴重です。そして、最終的にうまくいった場合には、終わりよければすべて良しとされてしまうでしょう。しかし、冷酷に、これは「失敗」であるということを自覚する必要もあります。なぜなら、これでうまくいったからと言って、次にも同じようなやり方をする人はいないからです。やはりここでは、うまくいったけれども「反省」しないといけません。よく「失敗から学ぶ」ということが言われます。失敗学という学問領域も近年できたようです。失敗したらせめて学ばなければいけませんが、一見、うまくいったとしても、それを冷静に分析して学ぶことがないか考える必要があります。

　この持続という言葉の重要性をもう少し考えてみましょう。高度成長期の時代や、まだ老舗が主流だった時代には、代々続くこと、つまり持続性が重要視

されていました。そのためには、大きな変革はしないで、ゆっくりとした成長を安定的に行えればよかったのです。しかし、時代が変わりそれだけではうまくいかなくなりました。同じことを継続するにも調達する部品や材料の状況が世界規模で変化し、それに柔軟に対応していかなくてはなりません。つまり、企業や組織レベルで、社会の変化に対応できるように「成長」していかなくてはなりません。当然、そこで働く人たちにも、一層の変化が求められます。

　この「変わる」ということは、人間にとって意外にも難しいものなのです。この原因の一端は、学生の頃の勉強の仕方、あるいは教育の仕方にあるようです。みなさんは、次のような経験をしたことはありませんか？　演習問題を解くのに、類題を探してその解き方を真似して解く、レポートを書くときに友達や先輩のものを参考にして書く、卒論を書くときも、まず先輩がどのようなものを書いたのかを読んでみる、などです。社会人になっても、何か文書を書こうとすると「雛形」を探してきて、それを参考に作る、といったことです。全くの白紙を前にして、そこに描くのはどうも苦手という人が大半です。このようなやり方自体は、ごく普通に行われていることですし、それ自体がわるいわけではないのですが、どうも気になるのが、旧来のやり方を踏襲すれば無難という保守的な考え方です。つまりわるいのは、そのような行為ではなく「考え方」です。そこをきっちりと押さえておけば大きな間違いにはなりません。

　「考え方」は大切です。会社や組織を構成する人達が、「どう考えて」行動するか、「何を考えて」行動するかということは、その会社や組織の将来を決定

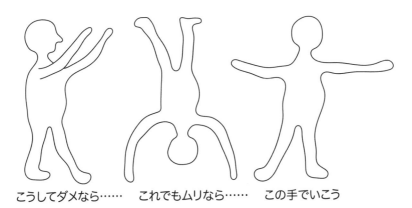

こうしてダメなら……　　これでもムリなら……　　この手でいこう

変えることに勇気を持つ

第3章　社会での活躍にむけて

します。昔から、トップダウンとかボトムアップとか、いろいろ言われてきましたが、何が良いとか、どうすれば良いとか、明確な指針はありません。一人ひとりの人間が自発的に考えて行動し、その集まりが会社や組織を望ましい方向に導いていく、そのような姿が理想と言えると思います。そのためには、個人が成長することが必要です。会社や組織は、個人が成長する機会を与え、成長した個人は、会社や組織の成長や発展に寄与することになります。最初のほうで、企業や組織が求める人材について述べましたが、ここまでの説明を踏まえて新たに次のようにまとめたいと思います。それは「自ら成長しその成長で貢献できる人」「こだわり過ぎず勇気を持って変えることができる人」です。

さあ、最後の例題、総仕上げです。これからの時代、形式的な求人票や、その場かぎりの採用面接では、本当にその組織が必要とする人材を採れません。そこで、以下のような例で何が必要になるのかを考えてみてください。

例題 3-5
　(1)「自ら成長しその成長で貢献できる人」を採用しようとしたときに、あなたは面接でどのような質問をしますか？
　(2) 数年間で会社の業務内容が大きく変わる可能性がある場合に、どのような業務でも対応できるように、「自ら成長しその成長で貢献できる人」を採用する方が良いか、それとも任期を決めて、「その時々の会社の業務内容に最適な人」を採用する方が良いでしょうか？
　(3) 数年間で会社の業務内容が大きく変わる可能性がある場合に、あなたは仕事をする上でどういったことに気を配りますか？（例：どのような仕事に対しても対応できるように各種資格を取得する、転職ができるように専門性を高めていく）

【コラム】人も会社も選ばれる

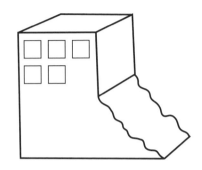

小さくても魅力的な会社

　大企業志向はいつの時代でもなくならないでしょう。大企業だから経営が安定しているというわけではありませんが、安定志向にはやはり根強いものがあります。よほどの資産家でなければ、まずは給料で自分や家族の生活を成り立たせるというのが基本で、それがあってはじめて困難にも挑戦できるというものです。安定した土台の上で力を発揮させるというのはあながちわるいことではありません。また、企業の規模が大きいと、さまざまな仕事の経験を社内で行うことができます。部署間の人事異動を通して多様な仕事をしながら総合力が身につけられるというのは大きなメリットになります。

　一方中小規模の企業であっても、大企業とはまた違った観点で魅力が感じられるところが多くあります。世界的に見て特色がある技術を保有していたり、基盤的な製品で世界的に大きなシェアを持っているところは、規模が小さくても安定性は高いといえると思います。安定性だけで企業を選ぶことは好ましいことではありませんが、先行きが不安な会社や組織にはよほどのことがないと有能な人材は集まらないでしょう。このあたりは、採用する側の責任だと思います。採用した人物が力を発揮するには、早くても数年はみないといけませんから、その間は会社や組織の負担で育成することが必要です。即戦力とか、すぐにわかりやすいアウトプットだけを求める企業は注意が必要です。

企業が組織である以上、必ず経営方針のようなものがあります。企業によって、一般的な表現に近かったり、個性的だったりさまざまですが、後者の場合はやや注意が必要な場合があります。時々、それが自分の考えに合わないということで悩む人がでてきます。いわゆるミスマッチと言われることの原因の一つです。これは、企業側でもわかっていてそのようなことはお互いにメリットにならないので、必ず明示してあります。逆にそれが明確でなかったり、口頭だけでの説明の場合などは、注意したほうが良いでしょう。

エピローグ
あなたが望む自分になるために……

> **【若手社員を卒業して】**
>
> **五郎**
> 　もう入社して3年が終わるよ。時がたつのは早いな。
>
> **明日香**
> 　そうね。うちの部署にも、今年は新人が配属されて、私も最近、若手社員と呼ばれなくなったわ。
>
> **加奈子**
> 　明日香のそれは、新人が入ったからじゃなくて、頼れる中堅社員になってきたってことの証じゃない？　あのトラブルに対する適切な対応は、うちの部署でも話題になったわ。私たちの時の採用担当者が、たまたま今の上司なんだけど、「俺の目に狂いはなかった」って、鼻高々よ。
>
> **明日香**
> 　それを言うなら二人もすごいわ。社長賞に営業成績トップじゃない。加奈子は部署換えがよかったのかしら。ただ確かに、私も最近ようやく自信が持てるようになってきたの。まだ経験が足りないけど、困難な状況にぶつかっても、冷静に全体を視野に入れて取り組めば、なんとかできる気がするの。今なら自分でも「私を採用してよかったでしょ」って言えそう。

　すでに若手と呼ばれる時期を終え、それぞれの道でそれなりに活躍をしている3人ですが、たどった道は三人三様です。学生時代に、また就職してからも、それぞれに工夫をしたり努力をしたりしてここまできました。しかし、性格や個性は相変わらずです。でもそこが良いところなのかもしれません。多様な個性を持った人が、相手のことを考えながら一緒に仕事をしていくことで、画一

化されたやり方とはまた違う価値を生み出していきます。

　この本で述べてきた「あなたが望む自分になる」というのは、自己改革とか自己啓発、意識改革というのとは違います。人間だって所詮地球上に生息する生物の一員でしかないわけです。もっと自然に振る舞いながら、素直に成長をしていくにはどうしたら良いかを提案してきました。社会の仕組みや決まりごと、あるいは世間体や慣習など、実際には多くの制約があります。しかし、それに縛られる必要はかならずしもありません。それはそれとして、少し離れたところから見てみることはできませんか。言葉で書くと簡単です。これを「客観的に見る」といいます。

　プロローグで、自分が面接を受ける側ではなく、面接をする側になることを想像してもらいました。そこで少しは、客観的な見方ができたのではないでしょうか？　初めは難しかったかもしれませんが、本書を読み終えて、もう一度プロローグに戻って、「あなたが望む自分」の姿を思い描いてみてください。より鮮明な目標が描けていることと思います。そして、この本で繰り返し述べてきたことを実践することで、確実に「あなたが望む自分」に近づけます。

著者紹介

石村　康生（いしむら　こうせい）
1974年山口県出身。京都大学（1998）、東京大学大学院を経て2001年博士（工学）。北海道大学の勤務を経て、2008年より宇宙航空研究開発機構　宇宙科学研究所　准教授。専門は宇宙構造物工学。科学衛星の開発と大学院教育を兼務しつつ、次世代の科学観測に向けた革新的な構造様式を研究中。週末の半分は、小学生の娘の父親としての顔を持つ。

角田　博明（つのだ　ひろあき）
1956年神奈川県出身。早稲田大学大学院修了。1993年博士（工学）。企業の研究所勤務を経て、2007年より東海大学工学部航空宇宙学専攻教授。近著に『未来を拓く宇宙展開構造物』（コロナ社、2015年）。若き日に、串田孫一の著作にふれてから、日常の様々な事がらに対して思索を巡らせることを楽しみとしている。また、日頃学生と接しながら、可能性を広げるためには、見方や考え方をどのように変えれば良いかを模索している。最近は、考えるきっかけを伝えて、自ら学べるように工夫した教育の方策にも興味を持っている。

学ぶ力のトレーニング
未来のあなたがつくる今の自分

2017年4月30日　第1版第1刷発行

著　者　石村康生・角田博明
発行者　橋本敏明
発行所　東海大学出版部
　　　　〒259-1292　神奈川県平塚市北金目4-1-1
　　　　TEL 0463-58-7811　FAX 0463-58-7833
　　　　URL http://www.press.tokai.ac.jp/
　　　　振替　00100-5-46614
印刷所　港北出版印刷株式会社
製本所　誠製本株式会社

©Kosei Ishimura and Hiroaki Tsunoda, 2017　　　ISBN978-4-486-02138-4

・JCOPY〈出版者著作権管理機構　委託出版物〉
本書（誌）の無断複製は著作権法上での例外を除き禁じられています。複製される場合は、そのつど事前に、出版者著作権管理機構（電話03-3513-6969、FAX 03-3513-6979、e-mail: info@jcopy.or.jp）の許諾を得てください。